L'écriture thérapie

Groupe Eyrolles
61, bd Saint-Germain
75240 Paris Cedex 05
www.editions-eyrolles.com

Dans la même collection, chez le même éditeur

Georges Chétochine, *La vérité sur les gestes*, 2008.

Manfred Kets de Vries, *L'équation du bonheur*, 2008.

Véronique Berger, *Les dépendances affectives*, 2007.

Catherine Cudicio, *Déchiffrer nos comportements*, 2005.

Marie-Louise Pierson, *L'Image de soi*, 2005.

Hélène Roubeix, *De la dépression au goût du bonheur*, 2005.

Christophe Marx, *Mais où est passée ma libido ?*, 2005.

Pour joindre l'auteur :

h.bah@h2b-conseil.fr
www.h2b-conseil.fr

© Groupe Eyrolles, 2008

ISBN : 978-2-212-54037-6

Hélène BAH

L'écriture thérapie

EYROLLES

Sommaire

V

Deuxième partie
La méthode

Introduction

« Écriture-thérapie » : étrange association, qui semble prôner la santé par l'écriture, à côté de la santé par les plantes ou de la santé par le rire… Certes, pour parler comme le bon docteur Knock, tout bien portant est un malade qui s'ignore ; mais je n'irai pas jusqu'à vous souhaiter malade pour vous refiler le remède de mon invention ! En ce qui me concerne, il « suffit » que vous ayez… des « problèmes ». Que vous soyez, en tout cas, dans une situation qui vous est à charge, aux prises avec des contraintes qui vous empêchent de vous épanouir.

Il s'agit d'une thérapie, dans la mesure où la méthode proposée permet de réintroduire de la fluidité dans les blocages, de l'harmonie dans le chaos, du sens dans l'incertitude. La dimension thérapeutique de l'écriture est liée à la possibilité qu'elle offre de mettre en forme l'expérience, de prendre du recul vis-à-vis d'elle pour ensuite se la réapproprier. Il y a là un pouvoir d'apaisement, de clarification et d'émancipation, que j'ai découvert et apprécié au fil du temps, et dont je voudrais partager avec vous les étonnants effets.

Je n'ai pas la bosse des maths, je n'ai pas la bosse du commerce ; ma bosse, je la porte sur la tranche de mon index gauche. Elle s'est formée à mon doigt depuis que j'ai six ans, âge auquel j'ai commencé à tenir un stylo pour écrire. Mon corps a développé ce cal pour que vienne s'y se loger, jour après jour, juste au-dessus de la deuxième phalange, cette plume si pleine de possibles. Je suis ce qu'on appelle aujourd'hui une littéraire (et à la mode traditionnelle puisque j'ai, comme on dit, « fait latin-grec ») ; ainsi, munie de mon stylo j'ai roulé ma bosse depuis les bancs de l'école jusqu'à l'Université puis l'entreprise (enseignante, chercheure, consultante), pour y mettre à l'épreuve du monde ma formation classique.

Dans des situations toujours diverses et toujours parentes, j'ai eu en face de moi des personnes qui attendaient que je les aide à aborder leurs difficultés. Pour autant, ils n'avaient pas nécessairement une vision très claire desdites difficultés ni de l'aide qu'ils venaient chercher. Dans ces cas, la demande est en réalité double : « Expliquez-moi quel est mon problème – et trouvez-lui une solution. » Autrement dit, dès les premiers pas de la relation, risque de s'opérer une substitution fatale pour la réussite de la démarche : le « client » (l'élève, le patient…) charge un « expert » (le prof, le psy…) de formuler le « problème » qui l'amène. Il ne se rend pas forcément compte que, ce faisant, il se prive du meilleur accès à sa résolution.

Et, de fait, qui est le plus à même de traiter la situation, sinon celui qui en a l'expérience et en subit les désagréments (et les bénéfices secondaires) ? La personne réputée « experte » aura beau être elle-même très expérimentée, jamais elle n'aura accès à une telle richesse de perception – à moins d'engager l'intéressé sur la voie de l'expression, de la mise en forme de ce qu'il vit. Car ce qui lui fait défaut, précisément parce qu'il la vit, c'est le recul qui lui permettrait d'utiliser cette compréhension, profonde mais encore implicite, de la situation.

Mes paroles m'expriment moi, expriment ma façon de percevoir et de me représenter les choses. Donc, si je m'empresse de remplacer mes mots par ceux de l'expert que je consulte, quelle déperdition ! Il ne fera que redire ce que dit son « client » dans des termes qui auront la double caractéristique d'être techniques (il faut que l'expert prouve son expertise) et galvaudés (il faut qu'ils soient familiers au client), c'est-à-dire une double capacité à dépersonnaliser le propos. Le résultat est en général apprécié parce qu'il est rassurant, mais dans quelle mesure est-il efficace – je veux dire : dans quelle mesure permet-il de développer en profondeur l'aptitude à comprendre et à agir ?

Mieux vaut commencer par examiner, avec tout le sérieux qu'ils méritent, vos propres mots – qui ont aussi bien plus de chance d'être les mots les plus propres. Cette attention vous permet de prendre conscience de tout ce que vos paroles contiennent, impliquent, promettent. Or elle suppose que vous puissiez voir vos mots, les tendre devant vous comme un miroir. Au cours de ma pratique, j'ai maintes fois pu éprouver la fécondité de ce geste : écrire ce qui est dit sur un tableau, et confronter celui qui a parlé aux mots qu'il a employés ; il « se rend compte » alors de ce qu'il a dit, en prend la mesure.

L'écrit n'a pas toujours bonne presse. Oral versus écrit, ramage versus plumage : telle est l'opposition qui transparaît immédiatement quand il s'agit d'entrer dans quelque communication que ce soit. Et avec une désolante régularité, le premier sert de repoussoir, le second de refuge.

Pourtant, il est facile de comprendre que l'aisance de l'oral peut aussi devenir son pire défaut (et qu'inversement, le caractère ardu de l'écrit peut devenir son meilleur atout). Il est vrai que cette parole ondoyante, labile, glissante, est à l'occasion une alliée de choix : grâce à elle, on est capable de « s'en sortir même si on n'a pas assuré » ; grâce à elle, on « emporte le morceau tout en n'étant pas si solide sur le fond » ; cette force de frappe ou d'esquive est précieuse dans bien des circonstances. Mais c'est elle aussi qui fait les déblatérations stériles et les argumentations invertébrées, à n'en plus finir…

C'est là qu'avec le rythme qui lui est propre, l'écrit donne toute sa puissance alors que l'oral risque de nous faire tourner indéfiniment autour du pot. Écrire permet une sorte d'arrêt sur image propice à la réflexion ; l'acte fige le flot de la parole pour l'offrir à l'examen rationnel, à tête reposée. Dès lors, l'écrit porte conseil. C'est pourquoi l'écriture-thérapie repose sur ce que j'appelle l'Écriture Résolutive, une écriture permettant à la fois de *résoudre* les questions qui vous empêchent d'avancer, et d'ancrer vos actes dans une véritable *résolution* personnelle.

Encore faut-il être en mesure d'interpréter ce que livre cette écriture, afin de mettre en lumière tout ce que recèle le texte de l'expérience mise en mots. La fréquentation des grandes œuvres de la littérature et de la philosophie m'a familiarisée, à titre de professionnelle des lettres, avec les outils qui permettent ce questionnement. Des concepts de la rhétorique classique jusqu'aux développements plus récents de la linguistique, nombreuses sont les théories mises à disposition au fil des siècles pour effectuer pareil déchiffrage. Mais justement : de quelle utilité est cet impressionnant bric-à-brac théorique pour qui n'est pas un professionnel des lettres ?

Je n'entends pas vous vanter le mérite de figures rhétoriques absconses (ah, l'épanorthose… ah, la catachrèse…), encore moins vous enjoindre de les apprendre par cœur pour les appliquer ! Ce serait vraiment viser par le petit bout de la lorgnette ; car l'héritage littéraire dont nous parlons est bien plus que cela. Cet humanisme, qui habite notre pensée collective depuis quelques siècles, est une incitation à occuper notre condition humaine par un langage et par un exercice critique de la raison qui construisent notre autonomie.

C'est pourquoi je suis une fervente adepte de son développement pour tous. Un développement à entendre à la fois dans les contenus – confrontation avec un corpus d'idées qui sollicitent la réflexion, affûtent l'esprit critique, encouragent les mises en perspective – et dans les méthodes – et c'est sur cet aspect que je mets ici l'accent.

Je voudrais partager avec vous, sous une forme très simple et pratique, ce que ma fréquentation de cet héritage m'a appris, en quoi il m'a rendue capable d'entendre ce qu'un texte écrit raconte à la fois dans son contenu et dans sa forme. Je voudrais vous faire découvrir par ce biais toutes les portes que peut (ré)ouvrir l'écriture quand elle se saisit d'une situation qui dérange. Vous pourrez alors faire apparaître comment vos mots dessinent votre façon de comprendre cette situation, puis exploiter cette analyse afin d'agir de manière ciblée sur elle ou sur vous.

PREMIÈRE PARTIE

Les principes

Chapitre I

L'Écriture Résolutive

Se décaler de soi-même

Marcher, aller de l'avant. On peut dire que c'est faire un pas après l'autre, s'appuyer sur un pied, puis sur l'autre ; on peut dire également que c'est le maintien d'un déséquilibre entre deux points de stabilité. Car on n'avance que poussé ou attiré – déséquilibré – par une motivation qui se confond avec la vie même. Le moment de suspension entre deux pas est décisif : c'est le temps de l'hésitation possible, et un risque de chute si elle se prolonge ; mais c'est aussi le temps de la décision, de la liberté qui nous fait choisir notre chemin et non marcher au pas. Notre faculté d'adaptation, notre inventivité logent dans l'acceptation consciente de ce moment de déséquilibre. L'idéologie ambiante prône plutôt l'action à tous crins ; pour garantir sa crédibilité, il faut toujours être en train de dégainer plus vite que son ombre, et des deux mains, c'est encore mieux. Pourtant, on voit bien que seuls les temps d'attente, de vide, de respiration (toute cette non-performance) donnent un sens et une pertinence à l'action – pensez aux classiques du western spaghetti : le silence, l'horloge figée, le regard magnétique, la mouche qui vient agacer la lèvre ; il faut tout cet appareil pour rendre décisifs la saisie de l'arme et le tir.

Quand nous hésitons, quand notre élan paraît comme entravé, ayons en tête que c'est pour nous l'occasion de reconsidérer la longueur et la direction de notre pas. Ce qui, de près, semble une saccade, se révélera, avec un peu de recul, la garantie d'une démarche plus souple et plus adaptée. Donc, nous avons sans doute intérêt à ne pas céder au premier réflexe qui consiste à vouloir supprimer les temps considérés comme morts. Ni au second réflexe, qui consiste à avoir recours au regard d'autrui pour diagnostiquer ce que l'on ressent comme un blocage.

Inutile d'aller chercher quelqu'un d'autre : on n'est jamais mieux servi que par soi-même, car *je* est un autre, *vous* êtes un autre. Reprenez, ne serait-ce qu'au bout de quelques jours, des notes que vous avez prises : est-il toujours si aisé de les relire ? Saisissez-vous clairement l'articulation entre les idées ? Voyez-vous exactement où elles veulent en venir ? Honnêtement, n'est-ce pas comme si un autre les avait écrites ? Eh bien, c'est le cas. Un (très) vieux Grec, Héraclite, disait qu'on ne se baigne jamais deux fois dans le même fleuve ; le passage du temps affecte aussi notre travail, et ce n'est jamais exactement la même personne qui écrit et qui lit ce qu'elle a écrit.

Et c'est heureux ! Opportun décalage, grâce auquel nous avons la capacité de porter un œil neuf sur nos propres productions. Mais ce regard autre ne sera possible que si nous gardons des traces desdites productions. C'est là que je fais entrer en jeu le processus fondamental de l'écriture : il met sous nos yeux (y compris sous la forme de ratures, de rajouts, de brouillons) la mémoire du travail qu'il nous a fallu accomplir pour faire entrer dans une forme verbale le blocage que nous éprouvons.

Écrire et lire, autrement

Lire et écrire est un programme très classique. C'est même le b.a.-ba de notre culture, tant que les objets auxquels nous les appliquons ne nous concernent, ne nous engagent qu'indirectement : écrire un compte rendu de réunion ou lire le journal ; écrire à ma grand-mère ou lire une publicité dans le métro… Ce que nous écrivons ou lisons peut nous toucher d'assez près, mais il s'agit toujours d'autre chose que de nous-mêmes, d'une partie « objective » du monde qui nous entoure.

Aurions-nous la même attitude si nous devions écrire directement sur nous-mêmes ? Sans doute pas. « Mais, pourriez-vous m'objecter, moi je tiens un journal intime depuis des années, et franchement ça n'est pas bien compliqué. D'ailleurs, j'adore ça ! Et puis, quel rapport y a-t-il entre raconter sa vie et résoudre ses problèmes ? » L'originalité du projet consiste à produire une version écrite de ce que vous vivez en ce moment comme une difficulté. Et le récit de votre expérience sera exclusivement orienté par le souci d'élucider cette situation difficile, d'en clarifier les tenants et les aboutissants (et vous en êtes, pour votre part, le premier tenant et le premier aboutissant).

C'est la première étape. Après avoir écrit, il faudra en effectuer une lecture, destinée à en extraire tout le suc. Cette nécessité vous conduira ainsi à être à la fois le rédacteur et le lecteur du texte que vous avez entre les mains. La situation est peu courante si on y réfléchit. Seul un petit nombre de professionnels de l'écriture s'y confrontent régulièrement – et ils en tirent rarement une grande jubilation. Chacun a pu en faire l'expérience : nous sommes pour nous-mêmes des lecteurs sévères, difficiles à contenter. Suivant alors la pente naturelle de notre amour-propre, nous cherchons plutôt à éviter de nous regarder au miroir de notre écriture, préférant laisser à autrui la corvée de mettre à jour nos insuffisances[1].

---

1. Sur la difficulté d'assumer ce double rôle et la solution pour éventuellement y remédier, voir « Mode d'emploi de l'ouvrage », p. 17.

Pourtant, que d'enseignements à tirer de ce que nous écrivons ! Peu d'entre nous rivaliseront avec Hugo ou Chateaubriand, certes. Mais quelle que soit la qualité que nous trouvons à notre récit, il pourra être lu et analysé avec autant d'attention que n'importe quel classique de la littérature. Et, atout majeur, il nous sera bien plus utile pour comprendre notre situation ; par exemple, pour comprendre comment nous nous situons par rapport à notre travail et pour améliorer notre « efficacité » – c'est-à-dire notre capacité à traduire en actes concrets cette compréhension dans le cadre de nos contraintes personnelles et professionnelles.

Autobiographie décalée (importée du monde « poétique » de la littérature dans le monde « pragmatique » de l'action au quotidien) et analyse de texte décalée (arrachée aux idées universelles de nos grands auteurs pour s'appliquer à nos bredouillis personnels) sont les mamelles de l'Écriture Résolutive – mamelles dont vous tirerez toute la substance et la densité de vos décisions.

Car dans le parcours que je vous propose, écrire et lire sont les deux premières phases d'une démarche qui débouche sur une troisième : déterminer. Il s'agit de choisir, de prendre des décisions, de faire entrer dans la réalité pratique les acquis de la réflexion. Trois phases complémentaires donc, toutes centrées sur un même objet : vous. Autrement dit, « vous écrire », puis « vous lire », afin de « vous déterminer ». Et tout leur intérêt réside dans ce qui les relie : leur objet identique, et leur enchaînement chronologique.

Devenir successivement écriveur, lecteur, décideur

Pour tirer le meilleur profit de la démarche, il y a un rythme à respecter. Les différentes phases sont comme les séquences d'exercices d'un cours de gym : on ne les exécute correctement qu'à condition de bien se concentrer, d'identifier les groupes de muscles concernés, et d'isoler chaque séquence entre deux respirations. Il en va de même ici : une pause est nécessaire entre les trois temps d'autobiographie, d'analyse et de passage à l'action. Entre chaque phase, vous allez changer de costume : endosser d'abord celui d'*écriveur*, puis celui de *lecteur*, enfin celui de *décideur*[1]. Le déroulement sera donc le suivant.

Vous vous trouvez dans une situation nouvelle, difficile, conflictuelle, complexe – en tout cas une situation qui vous empêche de mettre en œuvre vos capacités de manière fluide, efficace, agréable. Dans un premier temps, vous prenez la plume, afin d'établir une description initiale de cette situation, mais une description qui – c'est sa spécificité – ne cherche pas à être neutre ou, comme on dit, « objective ». Bien au contraire, il s'agit pour vous de mettre à plat les choses telles que vous les percevez. Pour ce faire, vous allez raconter une

---

1. Ces trois termes entendent correspondre à chacune des phases de l'Écriture Résolutive. Ils désignent des rôles, définis par une action principale : écrire, lire, décider. C'est pourquoi je souhaite leur donner une dénomination fonctionnelle : l'écriveur est le sujet en tant qu'il écrit, le lecteur en tant qu'il lit, le décideur en tant qu'il décide. Le premier terme n'existe pas ; je risque ce néologisme pour maintenir cet aspect purement fonctionnel, et pour échapper aux lourdes connotations attachées au terme d'« auteur » ou d'« écrivain » (sans parler d'« écrivant » ou de « scripteur », d'un usage plus spécialisé et donc plus confidentiel). Donc, *écriveur* nommera ici le sujet qui se livre à l'écriture. *Lecteur* et *décideur*, qui existent dans la langue courante, seront définis dans la même perspective (et quant à *décideur*, il ne sera dès lors pas utilisé ici dans le sens habituel de « personne ayant autorité pour prendre des décisions »). Ainsi, le sujet qui pratique l'Écriture Résolutive devient écriveur afin, par le biais de l'écrit, d'être appréhendé par un lecteur. Ce dernier met au jour dans le texte une image de l'écriveur, qui servira au décideur de miroir pour se regarder lui-même et se déterminer pour l'avenir. Ces trois termes sont appliqués au sujet de l'Écriture Résolutive uniquement ; je maintiens les termes de narrateur et d'auteur pour parler des textes littéraires que je cite.

histoire, l'histoire dont vous êtes le héros. Comme pour répondre à la question « Mais qu'est-ce qui t'arrive ? », vous vous efforcerez d'expliquer ce qui se passe, aussi clairement que possible, pour permettre à un auditeur imaginaire de se représenter ce qui, pour vous actuellement, constitue un blocage ou un frein.

« Il était une fois, dans une grande entreprise de télécommunications, un attaché commercial. Il venait de prendre son poste et franchement, il trouvait que... »

Ou encore :

« Je viens de déménager. Et en plus dans la maison de mes rêves. J'ai enfin un bureau pour être tranquille, sans parler de tout le reste. Pourtant, je sens bien que les choses continuent de se dégrader avec... »

Ainsi faites-vous, en quelques pages, le récit de ce qui vous occupe, et c'est la fin de la première séquence, de votre intervention en tant qu'écriveur. Ensuite, vous laissez « reposer la pâte », pour vous donner le temps de changer de rôle, pour vous faire désormais lecteur.

Deux ou trois semaines plus tard, vous reprenez d'un œil neuf (celui d'un lecteur extérieur) le récit de votre expérience. Ici apparaît l'analyste de votre récit – un autre vous-même. Cet exercice de dédoublement de la personnalité est l'occasion de feindre que vous prenez seulement connaissance des faits racontés. Feindre ? En réalité, non. Car c'est une véritable découverte. En faisant *comme si*, vous vous donnez les moyens d'apercevoir quelque chose de fondamental qui n'était pas auparavant dans votre champ de vision : vous-même.

Vous découvrez un personnage évoluant dans un environnement – un monde qui, tant qu'il se contentait d'exister à l'état d'implicite dans votre tête, n'avait sans doute pas des contours aussi nets. Un monde cependant qui est bien le vôtre, et doublement. Parce qu'il reflète votre expérience (c'est bien de vous et de votre situation qu'il est question), et parce qu'il se construit devant vos yeux grâce à votre récit (ce sont vos mots qui lui donnent son existence).

Dès lors, muni de quelques clés dont la méthode vous a doté, vous êtes à même non seulement de prendre connaissance de la situation telle que vous la vivez, mais aussi d'analyser les différents éléments qui composent cette représentation.

« Notre attaché commercial se sentait souvent perdu : on ne lui avait pas donné de plan des bureaux ni d'organigramme, et les gens ne se présentaient jamais pendant les réunions. Il se disait parfois que, certes, il avait de la chance d'avoir décroché ce job, qu'on lui avait fait confiance, mais que les conditions de travail ne lui permettaient pas de donner le meilleur de lui-même... »

En devenant un lecteur averti de votre propre récit, vous vous apercevez des présupposés sur lesquels vous vous étiez appuyé pour raconter votre histoire. Ici, il vous saute aux yeux que le monde dans lequel votre personnage évolue lui apparaît comme séparé en deux, moi et eux – les « autres » étant désignés comme une instance anonyme face à laquelle le personnage est impuissant. Vous reliez alors ce constat à d'autres aspects de l'analyse (comment est racontée l'intégration proprement dite dans l'entreprise, comment sont décrits les échanges avec ces « autres », comment est présenté le travail nouvellement assumé par le personnage...).

Hum... une « explication de texte » ? Oui ! Comme à l'école ? Eh oui ! Mais mise au service d'une activité concrète, ancrée dans votre vie : comprendre comment on se situe dans un environnement pour tirer le meilleur parti des ressources qu'il offre et des siennes propres. Ce qui se joue ici, c'est le dévoilement de toute la richesse de notre propre parole sur nous-mêmes. L'Écriture Résolutive mise sur le fait que nous sommes porteurs des réponses aux questions que nous nous posons. Et même que seules les réponses que nous aurons trouvées nous-mêmes sont susceptibles de transformer véritablement nos attitudes et nos actions.

Vous disposez à présent d'un stock abondant de remarques, de notes de lecture, qui vous en disent long sur l'écriveur ; en l'occurrence, la représentation qu'il a du travail, de ses collègues, de ses marges de manœuvre, de ses aspirations… Fin de la deuxième séquence.

Il est temps maintenant de vous faire *décideur*, capable dorénavant de vous déterminer avec pertinence. L'analyse du récit que vous avez fournie vous fait apparaître la géographie de la situation qui vous cause du souci. Il y a des montagnes et des vallées, des mers, des déserts… Des éléments qui ne se définissent et ne se comprennent que les uns par rapport aux autres ; des éléments qui par eux-mêmes ne sont ni des obstacles à surmonter ni des commodités à exploiter ; ni des pièges à éviter ni des cibles à atteindre.

Je vous invite à considérer les données de la situation, sans les estimer *a priori* bonnes ou mauvaises, en dehors de tout jugement de valeur. Bien des parcours sont possibles, et ils sont parfois étonnamment constructifs, même s'ils ne sont pas balisés. Il vous appartient de faire le vôtre sachant que, si tous les chemins ne mènent pas à Rome, ils mènent tous quelque part, et peut-être bien en des lieux qui *pour vous* valent Saint-Pierre ou le Capitole.

Si vous vous rendez compte que la bonne maîtrise que vous avez de vos activités vous masque votre soif de défis, peut-être choisirez-vous de vous lancer à l'assaut de nouveaux sommets – quitte à renoncer à une part de votre productivité, dont vous (et votre entreprise) êtes par ailleurs si fier. Si vous vous rendez compte que votre manière d'exprimer votre profond attachement à votre femme est aussi pour vous un moyen de ne pas vous risquer dans la vie (ce qui vous entrave dans votre rôle de père), peut-être choisirez-vous d'explorer une nouvelle indépendance – quitte à déstabiliser votre couple.

Il apparaît clairement que c'est une affaire de choix, et que même quand on se sent bridé par des contraintes multiples, bien des choses ne sont pas déterminées à l'avance si on y regarde de près, et relèvent de notre liberté, de notre capacité à prendre les résolutions qui nous conviennent.

L'Écriture Résolutive vous propose d'y parvenir en confrontant, d'une part, les résultats de l'analyse du récit et, d'autre part, vos objectifs ; vous êtes alors en mesure d'exploiter les uns pour réévaluer les autres. Le portrait de moi-même qui ressort de mon récit me choque-t-il, et pourquoi ? Qu'ai-je intérêt à prendre d'abord en considération ? Que puis-je changer en moi et dans ma situation (et, le cas échéant, comment) ? Etc. Vos réponses vous tracent la voie d'une évolution réaliste et cohérente. Ainsi se dessine un plan d'action adapté, élaboré sur mesure pour répondre à une situation précise et à un individu précis ; l'instrument adéquat pour vous déterminer et enraciner vos résolutions dans une appréhension lucide de vos possibilités.

Mode d'emploi de l'ouvrage

L'Écriture Résolutive est une démarche aujourd'hui inédite. Aussi, avant d'exposer la méthode proprement dite (deuxième partie), je voudrais faire un sort aux interrogations les plus fréquentes qu'elle suscite, en traitant les principales objections susceptibles de vous venir à l'esprit.

Bien entendu, il peut se faire que, déjà convaincu de la légitimité de la démarche, vous ayez envie d'entrer directement dans le vif du sujet en abordant la deuxième partie : libre à vous ! Quant aux trois chapitres qui détaillent la méthode, il sera plus commode de les lire dans l'ordre, étant donné la complémentarité et l'interdépendance des trois mouvements qu'ils présentent (écriture du récit de votre expérience, analyse de votre récit, puis exploitation des résultats de l'analyse). Mais là aussi, vous pouvez laisser votre curiosité vous conduire vers la thématique qui vous intéresse ou vous intrigue le plus.

Enfin, dans une perspective pratique, je dois signaler que le deuxième chapitre de la deuxième partie « La patience de se lire » a un statut un peu particulier. La phase de l'Écriture Résolutive qu'il décrit est essentielle à la réussite de la démarche, au même titre que les deux autres. Mais à la différence de ces dernières, vous n'êtes pas tenu de l'effectuer personnellement. Il est à la portée de chacun de conduire une analyse fouillée du récit produit ; mais chacun n'en a pas nécessairement le temps ni le courage…

Aussi peut-on confier ce travail à une tierce personne dont c'est le métier. Son intervention consistera à vous accompagner dans l'écriture, à analyser votre récit, puis à vous faire une restitution détaillée de cette analyse, restitution qui vous informera pleinement des résultats de la lecture et vous permettra d'aborder la phase d'application et de décision avec le maximum d'éléments. Selon le choix que vous ferez en ayant pris connaissance de l'ensemble, la lecture de ce chapitre vaudra comme présentation d'une méthode à appliquer (à l'instar des deux chapitres qui l'encadrent), ou comme information sur la manière dont une tierce personne procéderait pour élaborer cette analyse.

Chapitre II

La spécificité
du geste d'écrire

Miser sur l'Écriture Résolutive, c'est parier sur le potentiel de l'écriture ; sur la fécondité de ce geste que les plus chanceux d'entre nous ont appris dans l'enfance, et dont ceux qui n'ont pas bénéficié de cet apprentissage précoce déplorent souvent avec amertume d'avoir été privés. Une habitude séculaire a banalisé cet acte extraordinaire, qui permet à notre main de tracer devant nos yeux les signes qui portent notre pensée. Nous pouvons alors comme la saisir, la peser du regard, la faire entrer dans un circuit de réflexion plus tangible parce qu'il passe à l'extérieur de nous (par une feuille de papier).

Ainsi, à côté bien sûr des possibilités qu'elle offre à l'humanité de communiquer avec elle-même et avec son propre passé, l'écriture est un merveilleux activateur de pensée. Pourquoi, dès lors, négliger un instrument aussi puissant ? Les raisons peuvent être innombrables ; je me contenterai d'évoquer les plus courants parmi les arguments que mon expérience d'enseignante, de formatrice et de chercheure m'a donné de rencontrer.

Écrire... Et pourquoi pas plutôt taper ?

« Pas la peine d'écrire à la main, j'ai un ordinateur »

Prendre un stylo pour écrire, n'est-ce pas de nos jours devenu un tantinet rétro ? Aujourd'hui, on n'écrit plus, on tape. Du bout des doigts sur les claviers d'ordinateurs, voire avec les pouces sur les claviers de portables, ça tape dur, ça tape fort, ça tape vite ! Il paraît même que cette frénétique activité du gros doigt de notre main crée actuellement des troubles musculo-squelettiques bien spécifiques. Et comme c'est commode ! Avec un peu d'entraînement, on tape plus vite qu'on n'écrit, et au moins c'est lisible. Dans ces circonstances, il paraît déraisonnable de vouloir faire revenir l'homme du XXIe siècle à la calligraphie. Mais tentons l'aventure, elle peut être dépaysante.

L'écriture à la main demande effectivement un effort de lisibilité. Former les lettres correctement, suivre une ligne horizontale, respecter l'espace constant de la marge et de l'interligne, ce n'est finalement pas une mince affaire. Or, l'attention qu'exige cette activité encourage à la lenteur. Outre qu'elle peut nous faire renouer avec un certain plaisir du dessin (glissement de la plume, de la bille, de la mine sur la feuille, légère résistance du mouvement vers l'arrière, léger dérapage du mouvement vers l'avant... toute une gamme de sensations), cette lenteur est amie de la réflexion : tracer un mot à la main incite davantage à s'interroger sur son orthographe, et par là même sur son histoire, sur sa pertinence.

Vous ne pouvez vous en remettre à un correcteur automatique pour réparer instantanément une éventuelle erreur, ni à un simple clic pour faire disparaître de votre vue un terme jugé, tout compte fait, inadéquat. Vos petites cellules grises doivent se mobiliser pour chercher des mots – un mot plus exact, un mot plus simple, un autre mot. L'hésitation et le tâtonnement sont inhérents à toute parole ou pensée vivante ; le discours lisse et trop poli porte un nom : langue de bois. Chercher ses mots est donc sans doute la seule façon de parvenir à une expression authentique.

Ajoutons qu'à l'écrit, la pression est moins intense. En effet, devant notre feuille de papier, nous n'avons pas besoin de nous cacher derrière des formules toutes faites pour sauver la face : nous sommes seuls. La situation d'écriture, la forme spéciale d'isolement qu'elle exige, peut ménager ce vide salutaire dans lequel nous ne sommes pas en permanence acculés à réagir.

Dans notre monde de performance et de vitesse, qui ne se plaint de ne pouvoir prendre du recul, de ne pouvoir, comme on dit, « sortir la tête du guidon » ? Il est un moyen commode de se procurer cette excursion hors de nos obligations quoti-diennes. Il suffit de s'octroyer une heure ou deux pendant lesquelles, en se livrant à une discipline d'écriture, de lecture, de réflexion, on fera émerger de nos habitudes une vision nouvelle de notre vie. Il « suffit »… : oui, la chose n'est pas simple, et il faut être authentiquement convaincu de sa néces-sité pour parvenir à se l'imposer (et à la justifier aux yeux des autres, éventuellement sceptiques).

Ainsi, ce temps que de toute façon vous n'avez pas, je voudrais vous convaincre de le passer à chercher les mots justes en les essayant au stylo sur une feuille de papier. Mais, me direz-vous, quand même, ne puis-je pas le faire aussi bien sur mon ordinateur ?

« Avec l'ordinateur, c'est tout de suite au propre »

Eh bien, non. Décidément, non !

Je suis assez vieille pour avoir connu une époque où les ordina-teurs étaient plus rares. Enfant, je dessinais sur l'envers de larges feuilles blanches, attachées entre elles en accordéon, bordées d'une bande perforée, couvertes de signes bizarres ; nous les appelions « papier d'ordinateur », et elles nous étaient données par un oncle qui les ramenait de son « labo », lieu aussi étrange que prestigieux. L'ordinateur appartenait à l'univers de la science, il n'avait pas encore envahi la maison, et le bureau. Et j'ai fait la plus grande partie de mes études en écrivant toutes mes copies, lettres et sciences confondues, à la main.

C'est seulement des années plus tard que j'ai connu le plaisir de voir cracher par une imprimante les belles pages régulières d'un mémoire auquel j'étais en train de travailler. À peine sorties de ma petite fabrique intérieure, tout juste démoulées, mes idées faisaient presque déjà un livre ! Le plaisir fut, je l'avoue, assez intense – il n'en était pas moins fallacieux : ma réflexion avait-elle, par la miraculeuse transmutation du passage à l'imprimé, gagné en qualité, en sérieux, en crédibilité ? Certes non. Je crains pourtant que ce mouvement de fierté, si indu soit-il, ne contribue souvent à l'attachement que nombre d'entre nous manifestent vis-à-vis du recours à l'ordinateur.

Quel que soit l'état de la pensée que nous confions au papier, le fait d'être imprimée lui donne l'air d'un produit fini – ce que d'aucuns appellent un « livrable », c'est-à-dire une chose arrivée à un degré suffisant de maturité pour être présentée à qui de droit. Vu de loin, le balbutiement le plus indigent a la même (fière) allure sur sa page que le raisonnement le plus abouti : bien aligné, bien justifié, bien tabulé, coulé dans une jolie police, le voilà en tenue de bal, prêt à sortir dans le grand monde. Et vue de près, ma foi, l'illusion a une fâcheuse tendance à persister sur la rétine : nous nous accoutumons insensiblement à accorder un certain crédit à cette parole « au propre », qui a l'air plus respectable que tout texte auquel l'intervention de la main aura légué son tremblé, son penché, son asymétrie, voire – horreur ! – ses ratures. Telle est l'imposture que cautionnent les possibilités techniques offertes par les logiciels de traitement de texte.

Or, l'Écriture Résolutive suppose de la lucidité. Il ne s'agit pas de draper nos insuffisances dans un costume de bal pour les faire défiler, mais plutôt de prendre le risque d'une parole qui, avec ses tremblements et ses imperfections, sera la nôtre, sera le fidèle reflet de notre représentation des choses.

Parce qu'il refoule les brouillons et les ratures, l'usage des logiciels de traitement de texte fait disparaître les détours que nous avons éventuellement parcourus à la recherche de l'expression juste. Toujours cette maudite conception de la « performance » : il est bon « d'y arriver du premier coup », direct, droit au but ! Mais dans la perspective de l'Écriture Résolutive, on n'écrit pour personne d'autre que pour soi-même. Aussi, puisqu'on ne cherche à épater quiconque, soyons honnête : est-il une seule création, de quelque envergure qu'elle soit, à quelque domaine qu'elle appartienne, qui se passe d'approximations préalables ?

Pensons à la peinture, à ce qu'il faut d'essais sur la palette pour arriver à la bonne couleur, à l'apparition progressive, par touches et recouvrements, de la forme exacte ; à ce que le *Journal* des Goncourt appelle, en parlant des dessins de Delacroix, « *toutes les miettes d'études, toutes les raclures de carton, toutes les bribes de crayonnage, tous les ratages, tous les repentirs, tous les essuie-pinceaux du peintre* »[1]. Il en va de même pour l'écriture : l'expression se cherche, et le trait un peu plus précis ne peut se risquer qu'en prenant appui sur celui d'avant, qui l'était un peu moins. C'est ce dont nous prive le traitement de texte, cette « écriture » automatisée sans passé ni avenir : imputrescible, imperfectible.

---

1. Edmond et Jules de Goncourt, *Journal*, Robert Laffont, 2004.

Écrire... Et pourquoi pas plutôt parler ?

« Parler à quelqu'un, c'est plus facile »

Écrit ou oral ? Ce dernier est réputé « plus facile ». C'est que nous associons naturellement la parole orale à la présence d'autrui, voire à sa participation : parler, c'est s'adresser à quelqu'un qui vous écoute et qui, même s'il ne vous répond pas formellement, manifeste d'une façon ou d'une autre qu'il vous a entendu.

Dans un tel contexte, où l'interlocuteur nous sert de point d'appui, l'attention dont nous sommes l'objet nous permet de surmonter l'effet page blanche, cette espèce de gouffre qui s'ouvre devant nous au moment de commencer. Il est donc bienvenu, le coup de main de la personne en face qui vous dit « Alors, racontez-moi... », ou tout bêtement : « Alors, quoi de neuf ? »

Telles sont les vertus de la discussion, voire du dialogue. Comme le mouvement de la balle d'un joueur à l'autre crée l'espace du terrain, le va-et-vient du verbe produit ce jeu des mots qui consolide la pensée. Mené avec rigueur, cet échange peut être d'une très grande fécondité, comme en témoigne toute une tradition philosophique, Socrate en tête.

Loin de moi donc l'idée de dénier à ce déploiement oral de la parole sa noblesse et sa fertilité (lui qui est par ailleurs la colonne vertébrale de ma pratique de formation depuis des années). Mais force est de constater qu'il est aussi l'occasion de toutes les dérives. Nous pouvons nous laisser entraîner dans des discussions sans fin qui n'ont pas grand-chose à voir avec un dialogue socratique ; et après avoir noyé force poissons, on se retrouve plus souvent sur les tabourets du café du Commerce que dans les jardins de l'Académie.

Prenons l'exemple des réunions de travail et de leur fâcheuse propension à s'éterniser, leur productivité étant en général inversement proportionnelle à leur durée. Là, oui, on parle, on discute, on s'exprime, on débat, on participe. Et de fait, il est plus facile d'évoquer au cours d'une réunion une difficulté rencontrée que de prendre la plume pour la décrire et la qualifier avec précision. Car l'écriture implique quasi automatiquement une recherche de précision. On hésite à écrire n'importe quoi – alors qu'on n'a aucun mal à parler à tort et à travers. Parler aura été plus simple parce que nous avions une oreille indulgente à notre disposition. Indulgence dans l'écoute qui ne nous pousse pas dans nos retranchements, ne nous encourage pas à dissiper les indécisions et les flous dans la formulation de ce que nous cherchons à dire.

Cependant, le potentiel de cette pratique d'écriture est souvent négligé, y compris dans le monde du travail qui pourtant ne s'est jamais autant targué de promouvoir l'efficacité. On pourrait presque traverser plusieurs décennies de vie active sans avoir véritablement à écrire. Il y a deux façons de faire, disons une solution basse et une solution haute. La première est à la fois la plus courante et la plus irréalisable par les temps qui courent. Elle consiste à se cantonner à des postes et à des activités qui ne requièrent pas d'écrire. C'est de plus en plus difficile dans nos sociétés paperassières : aujourd'hui, presque tout le monde doit fournir son quota de rapports, de comptes rendus ou autres PV, ne serait-ce que pour permettre aux services juridiques et aux services qualité de faire leur métier. Et les cadres – cacographes eux-mêmes – de soupirer : « Ce n'est pas possible, ils ne savent vraiment pas écrire ! » Reste que nombre de métiers sont traditionnellement associés à l'idée qu'en les exerçant on n'aura pas à écrire – ceux sur lesquels les « nuls en français » comptent pour couler enfin des jours heureux. C'est la solution basse pour passer entre les mailles du filet.

La solution haute consiste à occuper un poste suffisamment élevé pour faire faire le boulot à quelqu'un d'autre : moi je suis le patron, j'ai des idées, et j'ai à mon service des greffiers qui se chargeront de leur donner la forme qui convient (les belles phrases, les bonnes citations, les formules chocs, etc.). Cette possibilité de délégation est l'apanage du pouvoir, elle en est parfois un signe extérieur ; mais elle peut aussi se révéler un piège. Car déléguer la formulation des idées, c'est aussi déléguer une bonne part de leur conception.

Me permettrai-je sur ce point de discuter le vers célèbre d'un grand nom de notre âge classique (Boileau) ? *« Ce qui se conçoit bien s'énonce clairement et les mots pour le dire arrivent aisément »*, nous dit-il dans son *Art poétique*[1]. Oui, mais conçoit-on autrement qu'avec des mots ? Et tant qu'elles ne sont pas mises en mots, nos idées n'ont-elles pas une existence quelque peu nébuleuse, y compris pour nous-mêmes ? Le fait de ne pas écrire eux-mêmes leurs discours – de ne pas y consacrer leur réflexion, de ne pas tester leurs impasses et leurs promesses – prive bien des dirigeants du charisme et de l'originalité qu'ils cherchent à acquérir par d'autres voies.

« Moi, j'était pas très bon a l'écrit »

Si ces deux solutions d'évitement sont explicitement ou non recherchées, c'est que l'écriture est susceptible d'éveiller des appréhensions profondes et de renvoyer à des expériences peu agréables. Comme si cette situation renvoyait en enfance, à l'attitude un peu craintive de l'écolier qui semble savoir d'avance qu'il ne donnera pas satisfaction, et se recroqueville.

Cette mutation est subtile. Elle révèle néanmoins combien notre rapport à l'écriture est en général marqué par notre mémoire du lieu où nous l'avons apprise, l'école. L'école, c'est

---

1. Nicolas Boileau, *Art poétique*, Flammarion, 1998.

là que commence pour certains le cauchemar de la grammaire et de l'orthographe – un cauchemar oublié avec le temps mais pas entièrement dissipé, et qui menace toujours de ressurgir. Ceux qui se baptisent eux-mêmes les « nuls en français » revivent un peu de leur misère d'écolier quand il leur faut écrire une lettre de motivation ou remplir un dossier qui ne se réduit pas à des croix dans des cases.

Je m'efforce de contrecarrer la funeste corrélation entre maniement du stylo et souvenir d'école, qui fait de l'écriture une sorte de numéro de haute voltige, où l'on risque à tout moment de s'écraser au sol. Sachez que la plume est votre alliée, comme elle est celle de l'humanité depuis des siècles.

Il faut reconnaître que l'époque et ses développements technologiques changent la donne en brouillant les frontières : l'e-mail, le chat, le texto (en bon français dans le texte !), est-ce écrit ou oral ? Sous le couvert de la contrainte spatiale (un écran de téléphone reste petit) ou de la précipitation digitale (il est si facile de rater une touche sur un clavier d'ordinateur – et pas le temps de revenir en arrière), il devient habituel, et donc au bout d'un moment admis, de s'exprimer dans une espèce de sabir mi-télégraphique mi-phonétique qui répond aux critères primordiaux que sont l'économie et la facilité. S'est-on alors débarrassé de toutes les contraintes attachées à l'acte d'écriture ? Loin de là. Je soutiens que si ces hybrides autorisent un tel laxisme vis-à-vis des règles de la syntaxe et de l'orthographe, c'est qu'on ne les considère pas exactement comme de l'écrit ; ce ne sont jamais que des substituts d'oral, destinés à être aussi éphémères que lui.

« Les paroles s'envolent, les écrits restent » : l'adage n'a pas pris une ride. Il est certain que nos textos (je ne sais même pas comment écrire le pluriel de cette... chose !) ou nos e-mails seraient rédigés de façon moins désinvolte si nous avions dans l'idée qu'ils devaient « rester ». Si nous les avions imaginés scrutés, stockés, potentiellement examinés et relus pendant des années, nul doute que nous les aurions rédigés avec plus de soin. Et c'est le sort que nous imaginons à tout écrit digne de ce nom – les écrits restent, c'est leur vocation. Et cette solennité peut expliquer que nous hésitions à lancer notre plume.

Je ne cherche en aucun cas à nier ces freins ; ne font-ils pas toute la valeur de l'acte d'écriture qui les a surmontés ? Car oui, l'écriture est difficile ; oui, elle demande que nous acceptions de nous plier aux règles qui ont, au fil de l'histoire, constitué l'usage correct aujourd'hui de notre langue ; oui, elle nous confronte à la question de l'intérêt de ce que nous cherchons à exprimer. Autant de raisons qui confèrent à l'écrit une puissance radicalement étrangère à celle de l'oral – une intime parenté avec notre faculté d'élaboration et de conception, un inextricable cousinage avec la pensée elle-même.

C'est pourquoi le renoncement à l'écriture est une triste amputation. Je veux inviter tout un chacun à surmonter ses éventuels mauvais souvenirs et à se saisir de ce merveilleux instrument qu'est l'écriture. Et ce, justement parce que cette mise par écrit est une mise à l'épreuve. Si je ne parviens pas à trouver les mots pour m'expliquer, de deux choses l'une : soit je suis un génie qui a des pensées tellement originales qu'aucun mot existant dans notre langue n'est capable d'exprimer cette radicale nouveauté, soit je n'ai pas suffisamment creusé la question et il faut que j'y réfléchisse encore un peu. Bon. À votre avis, quel est le cas le plus vraisemblable ?

La valeur du test réside, on l'a vu, dans la difficulté qu'il nous demande de dépasser. Or, ceux qui se rabattent systématiquement sur l'oral ne font souvent que déplacer la difficulté. Faute d'avoir bien élaboré leur propos (ce que l'écrit permet), ils se présentent pour parler avec des idées parfois confuses, ce qui les conduit à se montrer finalement piètres orateurs. Et en toute logique, leur diagnostic sera : « J'ai du mal à faire une présentation orale », et leur plan pour s'améliorer : « Il me faut une formation pour apprendre à moins stresser à l'oral. » Une telle formation pourra se révéler utile ; mais le fond du problème n'aura pas été atteint : tant qu'on n'aura pas les idées claires, on aura peu de chance de les formuler clairement. Pour cela, un conseil : « Donnez la parole à votre plume ! »

Écrire… Et pourquoi pas plutôt agir ?

« Trêve de blabla : de l'action ! »

De manière récurrente, je vous incite ici à « prendre le temps de… ». Or, le temps est pour vous une denrée rare. Surtout dans le monde de l'entreprise où, comme par définition on est occupé – l'essence même du « business » est bien d'être « *busy* », non ? Bouger, faire bouger, faire bzzzzz, comme ces abeilles qui offrent depuis des siècles une métaphore au monde du travail. Courageux insectes ! Ruche ou fourmilière, ils ne cessent de nous épater avec leur organisation impeccable et leur inlassable productivité. Ça grouille, ça roule, ça tourne. Une vraie merveille d'économie. Mais… qui a envie de s'identifier à ces industrieuses petites bêtes ? Quand on est l'abeille lambda, ça ne doit pas rigoler des masses au pays du miel.

La devise des *marines* américains est, paraît-il, « *semper fidelis* » – toujours fidèle ; celle du businessman serait « *semper occupatus* » – toujours occupé. Et à défaut de l'être véritablement, il est de bon ton d'en cultiver l'air. Car c'est le principal indice pour évaluer l'efficacité du nombre croissant de personnes qui travaillent dans le secteur tertiaire.

Une telle conception de l'efficacité paraît ignorer la nécessité des temps de latence qu'exige la maturation des idées. Le business a horreur du vide, un vide où il aperçoit le signe précurseur de sa propre disparition : tout élément apparemment non actif est comme un poids mort qui risquerait d'entraîner tout le système dans sa chute (c'est du moins l'idéologie affichée ; car il est évident que ledit système nourrit par ailleurs sans trop s'en inquiéter une multitude de parasites). Alors, cours petite fourmi, ne perds pas de temps !

Or la sagesse populaire nous apprend que l'une des manières les plus classiques de perdre du temps, c'est de parler. « Tu causes, tu causes, c'est tout ce que tu sais faire ! » Il est vrai que déployer un écran de mots pour ne pas agir est une pratique courante, des tirades passionnées proférées par des piliers de bar aux lourds rapports commandés par tel ministre pour s'empiler sans retour dans des réduits poussiéreux.

Mais on sait aussi qu'une idée énoncée au bon moment de la bonne manière peut changer le monde. On sait aussi que bien souvent « dire, c'est faire », et qu'il est des cas où impérativement il faut « faire attention à ce qu'on dit », à moins de provoquer des catastrophes (qui, pour fâcheux qu'ils soient, constituent bel et bien des résultats). Soyons conscients que le rejet de la parole au nom de l'action sert souvent d'argument à ceux qui refusent de prendre le risque de la pensée (voyez ce cow-boy dont le pistolet fume plus fréquemment que les neurones).

Et soyons parfaitement honnêtes, nous avons aussi notre part dans notre prestigieux statut de personne débordée. Il faut bien reconnaître qu'avoir la tête en permanence dans le guidon est un formidable alibi pour nous dispenser de réfléchir à notre activité, et nous permet de nous dire que « si nous avions le temps », nous pourrions avoir des idées sacrément bonnes – et ainsi appliquée sur un mode hypothétique, notre superbe intelligence ne risque pas d'être prise en défaut ! Nul, je crois, n'est à l'abri de cette petite flatterie de l'ego, qui s'épanouit à la faveur d'un planning surchargé. Bien sûr nous ne sommes pas responsables de la pression ambiante, de la course au résultat visible, de l'activité obligatoire, et il est malaisé d'y résister.

Mais cette difficulté est souvent aggravée par notre propre manque de combativité : même conscients qu'une prise de recul est théoriquement nécessaire, nous ne sommes pas convaincus qu'elle est pratiquement légitime. Pour autant, il ne serait pas inutile parfois de s'engager pour imposer cette priorité dont chacun est capable de reconnaître la pertinence.

« Je n'aime pas raconter ma vie »

Il y a quelque chose qui cloche. Vous êtes assis à votre bureau ; la démarche que vous entreprenez est sérieuse, peut-être même est-elle de nature professionnelle. Et il vous faudrait déballer vos *sentiments* ? Ce n'est pas vraiment votre genre. Alors, si vous vous mettez à écrire ce que vous *ressentez*, à quoi cela va-t-il bien pouvoir ressembler ? Et surtout, en quoi cela pourra-t-il vous faire avancer ? À première vue, il y a une sorte d'incompatibilité entre le discours carré, rigoureux et concret que vous vous efforcez d'avoir dans la vie et dans l'exercice de votre métier et les choses moins nettes, moins cohérentes, moins jolies parfois, qui se passent dans votre for intérieur. Bien sûr, vous n'êtes pas un robot. Mais vous sentez quelque impudeur à vous étaler de la sorte.

Et vous vous faites là l'écho de positions omniprésentes dans le monde de l'entreprise. Parce qu'elle a besoin d'agents motivés, autonomes et inventifs, elle a intégré dans la panoplie de ses instruments de formatage les armes psychologiques qui se prêtent à cet usage (PNL, analyse transactionnelle, socio-ceci, dynamique de cela – ou autres). Ce sont des théories à appliquer, des profils à retrouver, des schémas à détecter, des valeurs à cultiver. Quoi qu'il en soit, il s'agit de correspondre à une norme préétablie et l'expression de votre propre singularité n'est qu'un préliminaire à l'administration du modèle.

Avec l'Écriture Résolutive, c'est avant tout votre point de vue qui m'intéresse ; je le prends tellement au sérieux que je vous demande d'en faire une œuvre. Une œuvre modeste certes, et à diffusion très limitée, mais une œuvre tout entière consacrée à vous, aussi bien vos impressions que vos analyses, votre implication passionnelle que vos explications rationnelles.

Donc il s'agit effectivement, en quelque manière, de raconter votre vie, dans le sens où je voudrais que votre récit donne à voir des facettes singulières et variées de votre personne, et pas seulement celles que vous-même ou d'autres auront décrétées présentables. Vous seul(e) êtes à même de porter sur ce que vous vivez un regard, d'une part, exact et rigoureux et, d'autre part, subtil, mouvant et vivant. Aucune théorie imposée de l'extérieur ne pourra mettre en lumière la profondeur humaine de votre situation, là où réside la possibilité de la faire évoluer.

La quête de « sens », d'ancrage « humain » qui se manifeste aujourd'hui partout et en particulier dans les organisations professionnelles a tout à gagner dans cette réconciliation. Comment, sinon, donner un contenu concret aux idées de « vision », de « motivation », de « charisme », d'« esprit d'équipe »… ? Qu'entendre par là, sinon un engagement de la *personne*, c'est-à-dire aussi bien de ses passions que de sa raison ? Le « management », le « relationnel », voire la « communication » constituent un domaine où on admet, dans une certaine mesure, qu'une vision personnelle s'exprime. Mais cette concession se limite généralement au domaine oral ; les sentiments sont utiles pour animer, faire passer, donner une tournure plus avenante – on leur réserve un rôle essentiellement cosmétique.

Cette conception est hautement préjudiciable : le manque de vision ou de charisme (pour parler de ce qu'on attend des dirigeants), la difficulté à expliquer et à convaincre (pour parler de ce qu'on attend plus généralement des collaborateurs) sont souvent dus au fait qu'ils ont, au moment de concevoir leur propos, voulu faire abstraction de leur perspective personnelle ;

ce qui explique qu'il soit difficile de vouloir ensuite la réintégrer de manière artificielle et purement instrumentale.

Prendre au sérieux votre point de vue est un gage de confiance en vous, puisque vous saurez plus précisément d'où vous parlez. Et c'est ce que vous serez amené à faire si vous écrivez votre expérience en *assumant votre angle de vue personnel*. Souvenez-vous seulement que l'écriture offre cette possibilité : entre les envolées artistiques et la pesanteur bureaucratique, il y a une place pour l'expression singulière de votre voix.

DEUXIÈME PARTIE

La méthode

Chapitre I

Le courage de s'écrire

Préliminaires

Hors-d'œuvre

Vous allez vous faire écriveur d'histoire, et vous endossez ce nouveau rôle avec des intentions bien précises : en donnant à voir votre situation sous un autre angle, le déploiement de ce récit doit vous faire changer de point de vue, vous proposer des pistes pour mieux comprendre et gérer ce qui vous arrive. Donc, si vous vous lancez dans cette entreprise, c'est que vous estimez que votre situation laisse à désirer. Et comme vous avez bien envie qu'elle change, vous avez sans doute aussi déjà quelques idées quant à la manière de l'améliorer – toutes choses que vous aurez l'occasion justement de tester, de préciser, d'approfondir ou de rectifier.

Vous jugez vous-même ces idées encore insuffisantes ou embryonnaires, et vous cherchez un moyen de leur offrir le développement le plus pertinent. Mais avant de vous en éloigner, fixez ce point de départ ; il vous servira de repère par la suite, pour mesurer en quoi le travail d'Écriture Résolutive vous aura fait progresser dans l'appréhension de votre difficulté. Tout d'abord, prenez note quelque part – sur une fiche, un Post-it ou un coin de votre agenda – de votre vision actuelle des choses en répondant le plus simplement possible aux deux questions suivantes : premièrement, « comment est-ce qu'aujourd'hui je qualifie ma difficulté ? » ; deuxièmement, « quelles sont les solutions auxquelles aujourd'hui il me semble pertinent de recourir pour la résoudre ? ».

Ne cherchez pas à être particulièrement subtil, original ou exhaustif ; contentez-vous d'indiquer ce que vous avez en tête sur le moment : il s'agit seulement de se donner un point de comparaison. La relecture de ces réponses en fin de parcours vous permettra de voir le chemin effectué entre-temps.

> Laissez une trace de votre vision initiale de la situation.

Les conditions matérielles

Le diable est dans les détails. Aussi, réglons pour commencer une petite question matérielle – dont nous avons déjà mesuré l'importance. Pour écrire il faut être tranquille, ce qui implique que vous puissiez ménager au sein de votre réalité quotidienne une petite oasis spatio-temporelle où vous ne serez pas dérangé.

Pour ce qui est du temps, donnez-vous une ou deux heures. L'estimation vous paraît peut-être énorme, pour seulement deux ou trois pages. Peut-être. Attention cependant de ne pas sous-évaluer, d'une part, le caractère insolite de la manœuvre et, d'autre part, la force de vos propres exigences. Vous écrivez selon des modalités assez inhabituelles et – si vous me permettez la licence anatomique – vous sollicitez des muscles mentaux auxquels il se peut que vous n'ayez pas si souvent recours. Impossible en l'occurrence d'être pressé. Et autant le dire tout de suite : si vous n'y voyez qu'une formalité dont vous pensez vous débarrasser vite fait, mieux vaut ne pas vous lancer du tout dans l'opération ; sa réussite suppose application, circonspection et lenteur. Il est donc nécessaire de disposer d'un créneau horaire confortable pour votre séance d'Écriture Résolutive.

D'autant plus que vous pourriez bien vous prendre au jeu et vous laisser emporter par ce plaisir solitaire. Plaisir de chercher, d'approcher la juste expression, de la sentir s'échapper pour la retrouver sous un autre masque… Plaisir d'autant plus grand que l'exigence est forte – le vrai chasseur décline les proies faciles. Comme il serait dommage, pour quelques petits quarts d'heure qui vous auront manqué, de casser le rythme et de briser votre élan, sachant que plus vous mettez de vous-même dans votre récit, plus son analyse sera significative et riche de suggestions pour votre intelligence des choses…

Le lieu n'est pas moins essentiel que le temps : isolez-vous. Remarquez que cette condition spatiale peut, selon les personnes, se matérialiser de diverses manières. Certains sont incapables de se concentrer pour peu qu'on leur offre la moindre possibilité de distraction ; d'autres ne sont jamais autant absorbés en eux-mêmes que pris dans un flux d'activité. Le point commun entre les premiers (les rats de bibliothèque) et les seconds (les rats de bistrot) reste qu'ils n'accordent leur attention à leur fromage qu'en la refusant à ce qui les entoure. Que ce soit le brouhaha ou le silence, la solitude ou le bain de foule, ce décor leur permet de rassembler et façonner leurs pensées parce qu'il ne vient y créer aucune interférence sérieuse. Ainsi, que vous soyez rat des villes ou rat des champs, il vous faut trouver cet espace neutre, et selon toute vraisemblance fermer la porte et éteindre votre portable – voire indiquer que vous n'y êtes pour personne.

Enfin, dernier détail, munissez-vous du matériel adéquat. Une bonne pile de feuilles (là aussi, visez large et ne sous-estimez pas votre créativité !), un stylo. Et pourquoi ne pas y mettre un peu de solennité ? N'avez-vous pas *un stylo à vous* ? Celui qui vous a été offert à telle occasion ; celui que vous avez depuis trente ans sans jamais vous en servir ; celui que vous n'utilisez jamais parce qu'il vous tache les doigts ; celui que vous ne sortez plus parce qu'il faut toujours attendre que l'encre sèche… Offrez-vous encore cet innocent plaisir, et laissez là où il est votre Bic mâchouillé ou celui que vous venez de récupérer chez un client ou dans la trousse de votre fils.

Du temps, du calme, du papier, un stylo.

Les consignes d'écriture

Alors, nous y voilà. Bien au calme. Papier, stylo, café, etc. ; tout y est. Et vous levez vers moi, votre fidèle assistante en Écriture Résolutive, un sourcil interrogateur : « Et maintenant, qu'est-ce que je fais exactement ? » Le moment est venu de détailler les consignes d'écriture. Car si simples qu'elles soient, elles sont indispensables à la réussite de l'entreprise. Elles dérivent toutes d'une préoccupation unique : vous mettre en situation de fournir la meilleure matière possible en vue des phases suivantes de la démarche. Je vous montre le cap : déposer sur le papier un matériau à la fois Complet, Accessible et Personnel.

Complet. Pour vous donner un ordre d'idées, il serait bon que le récit auquel vous serez finalement parvenu fasse au moins deux ou trois pages (et il n'y a pas de maximum). La règle du jeu veut que vous ayez l'audace de projeter hors de vous, sur cette feuille, les idées qui vous viennent, même si elles sont encore confuses : c'est justement leur mise en forme sur le papier – ratures, corrections, ajustements… – qui peu à peu les polira et les rendra plus précises. Donc, n'hésitez pas ! N'attendez pas, nez en l'air, stylo levé, d'être touché par la grâce… ou du moins n'attendez pas trop longtemps. Et dès que quelque chose s'esquisse, aussi maladroit que cela vous paraisse, écrivez-le. Vous aurez toujours la possibilité, ensuite, de le rayer. De le rayer dis-je, pas de l'effacer : gomme et Tipp-Ex (pardon pour la marque) ne font pas partie du matériel requis. Il n'est pas exclu que ce terme, ce bout de phrase qui vous chagrine maintenant puisse finalement vous agréer tout à l'heure. Donc écrivez tout, n'effacez rien, ne jetez rien : ce terreau de vos tergiversations promet à coup sûr de jolies récoltes.

Accessible. Écrire, oui. Mais pour s'assurer que la chose écrite sera effectivement exploitable, une précaution s'impose : être lisible, aux deux sens du terme. Au sens propre tout d'abord. Nous avons tous une fâcheuse tendance à toujours incriminer l'« autre » quand il y a un problème de communication : c'est lui qui ne comprend rien, lui qui fait preuve de mauvaise volonté, lui qui pourrait faire un effort, lui qui… alors que nous sommes, bien sûr, irréprochables ! Si cet imbécile de lecteur ne parvient pas à déchiffrer notre écriture, il n'a qu'à y regarder de plus près, sauf que… ce lecteur, en l'occurrence… c'est vous, moi – nous qui sommes aussi les écriveurs. Désormais, pas d'échappatoire : à nous de faire en sorte d'être lisible, petit exercice de calligraphie dont je disais plus haut qu'il favorise en outre la réflexion.

La lisibilité s'entend aussi au sens figuré. À se contenter d'abréviations, de demi-mesures et d'approximations sous prétexte que l'on sait bien ce que l'on veut dire, il arrive qu'on rende les notes prises à notre propre intention parfaitement inintelligibles. Autrement dit, l'effort exigé par l'Écriture Résolutive consiste à ne pas noter la moitié de l'idée, à ne pas en garder l'autre moitié dans la tête au motif que *pour le moment* ces deux moitiés sont pour vous inextricablement liées, que l'une appelle automatiquement l'autre. Car cet automatisme est fragile. La moindre distraction, une autre idée intervenue entre-temps… et hop, il s'évanouit ; vous voilà désormais gros Jean comme devant, avec une demi-idée, autant dire : rien. L'écrit est orphelin : une fois mis au monde, il est seul, sans protection – coupé des intentions qu'il est là pour incarner.

Tout insuffisant qu'il est, il doit suffire. Aussi, donnons-lui toutes ses chances.

Personnel. J'ai déjà eu l'occasion d'y mettre l'accent : c'est avant tout votre approche singulière qu'il s'agit de mettre en lumière. C'est pourquoi l'exercice de l'Écriture Résolutive vous demande de laisser tomber vos habitudes d'écriture, celles notamment que vous avez prises au travail – ce qui n'est pas simple, notamment parce qu'elles ne vous sont pas forcément conscientes. Le vocabulaire en est sans doute la manifestation la plus immédiatement repérable. « Performance », « stress », « objectif », « compétence », « conflit »… : nul doute que ces termes, ou d'autres similaires, émaillent vos comptes rendus ou vos présentations. Ils leur assurent même cet inimitable vernis technocratique sans lequel un discours n'a pas l'air vraiment sérieux. Alors vous y souscrivez. Mais quelques questions simples suffisent à faire apparaître que ces mots trop commodes sont plus des signes de reconnaissance que l'expression d'une réalité précise ou d'une expérience partagée. Dès lors, ce sera comme une hygiène de la pensée que de faire l'effort de vous en passer.

Il y a bien d'autres principes que vous avez accoutumé de respecter dans votre communication professionnelle écrite, comme le principe d'économie : puisque vous n'avez pas de temps à perdre en écriture, ni votre lecteur en lecture, il faut faire bref. Mais à quel prix ? On croit sacrifier le détail : on sacrifie la nuance ; on croit synthétiser : on appauvrit. Car la prose d'entreprise ne sait qu'être (trop) simple ou (trop) compliquée ; elle sait rarement être complexe. Dès lors, pourquoi ne pas changer radicalement de genre ? C'est ce que je vous propose : en vous demandant de raconter une histoire, je voudrais vous faire porter sur votre situation un regard différent, qui en dise long sur vous. Cesser d'être comptable, devenir conteur.

Tel est votre CAP d'écriture : être complet, accessible, personnel. Précisons maintenant selon quelles modalités vous pourrez élaborer ce récit.

> Tenez le cap : faites un récit Complet, Accessible,
> Personnel.

Le premier pas

Il se peut que vous ayez déjà une histoire dans la tête ; celle qui s'y construit chaque jour quand vous somnolez vaguement dans les transports en commun, et qui est comme déjà prête à en sortir – seule l'occasion lui aurait manqué. Il se peut aussi que vous ayez besoin d'un petit coup de pouce pour commencer…

Faire un plan : bon plan ou pas ?

Devant votre paquet de feuilles, vous savez à peu près de quoi vous allez parler même si vous ne savez pas exactement comment vous allez vous y prendre. Et d'ailleurs, une question vous tourne autour : « Est-ce que je me lance comme ça, directement, ou est-ce que je fais d'abord un plan ? » Effectivement, il n'est *a priori* pas mauvais de baliser un tant soit peu le terrain avant d'attaquer le récit lui-même ; autrement dit, de vous interroger sur l'ordre dans lequel vous allez traiter votre matière. Mais il faut se mettre d'accord sur ce qu'on entend par « faire un plan ». La formule est associée à une façon d'écrire (et de parler) assez particulière, spécialement prisée, voire chaudement recommandée, dans le monde scolaire. Qui n'a pas été un jour ou l'autre confronté au fameux « plan en trois parties » ? Les potaches le tournent depuis des lustres en dérision : « Thèse, antithèse, foutaise ! » Ils ont à la fois raison et tort.

Raison parce qu'un excès de formalisme confine au fétichisme ; à trop se polariser sur la symétrie de l'architecture (trois parties, trois sous-parties, chacune de la même dimension si possible…) on finit par ne plus voir qu'elle, et par oublier le sujet que l'on traite, qui a forcément ses trous et ses bosses, ses pics et ses gouffres, c'est-à-dire une irrégularité qui lui est propre. Nous avons chez nous, dans notre bel Hexagone régulier (et tant pis pour le Cotentin ou le golfe du Lion !), un personnage qui incarne à merveille cette technique du jardin à la française appliquée au langage : c'est l'énarque. Il a la réputation (pas toujours usurpée) de savoir sur n'importe quel sujet vous pondre un discours bien balancé, bien pourvu de toutes ses parties. La mécanique est si bien huilée qu'elle produit généralement un ronron dont la régularité rassure… et endort. On admire chez nos énarques, le cas échéant, leur aptitude à occuper le terrain et à maintenir clos le bec de leurs interlocuteurs. Grande vertu par nos temps médiatiques, dont il n'est pas sûr qu'elle encourage la réflexion. Ce qui vaut pour les échanges oraux vaut aussi pour l'écrit : un rapport trop bien ficelé, une présentation à la rhétorique trop parfaite auront tendance à imposer leur forme au détriment d'une approche vraiment pertinente du fond. Et dans ce sens, on a bien raison de se méfier du « plan en trois parties ».

Pourtant, y a-t-il là de quoi jeter le discrédit sur tout type de plan ? Je soutiens que non. Et mon propos ne concerne pas exclusivement les professionnels de l'écriture ou de la parole, mais tout un chacun, toute personne appelée à réfléchir et à se prononcer de manière rigoureuse sur un sujet quelconque. En effet, certains ont le bonheur de « tout avoir bien clair dans la tête » ; ils ont une vue panoramique de ce qu'ils ont à dire, et leur plume peut filer à vive allure, comme guidée par un GPS : quelles que soient les sinuosités du terrain, elle sait où elle va et ne perd pas son cap.

Je fais partie des malchanceux qui ne disposent pas de cette faculté, et je sais par expérience que notre troupe est nombreuse. Nous autres, il nous faut tantôt conduire, tantôt nous arrêter pour jeter un coup d'œil sur la carte. Notre plume, jamais à l'abri de partir dans les décors, doit rester prudente et se défier des coups d'accélérateurs intempestifs. C'est pourquoi, pour m'efforcer de garantir au texte que j'écris une certaine correspondance avec ce que j'ai dans la tête, je passe par un plan. Le but n'est pas de donner à ma pensée une coupe bien dégagée derrière les oreilles, mais tout au moins de débroussailler.

Si par « établir un plan » on entend « se consacrer pleinement à l'opération qui consiste à situer les matières les unes par rapport aux autres », on conçoit sans mal que cela puisse constituer une aide dans la démarche d'écriture. Une aide, en aucun cas une norme. Votre plan n'est obligé de se conformer à rien de précis ; c'est juste la matérialisation du mouvement que vous accomplissez nécessairement pour mettre en place les données de votre expérience. « Alors, je commence par quoi ? » ; « Et après, comment je passe à la suite ? » ; « Non, ça, il vaut mieux en parler avant » ; « Tiens, ça me fait penser qu'il faudrait intercaler ça là… » : mis sur le papier, ce travail fournit une armature à votre rédaction, un squelette que vous serez toujours en mesure d'enjoliver, voire de réorganiser en cours de route (et vous verrez bien, à la fin, quel drôle d'animal vous avez créé).

Ainsi, le « bon plan » sera non celui que vous devez « remplir » vaille que vaille pour avoir le nombre de parties requis, mais celui qui sert de présentoir à toute votre marchandise, la révélant sous son jour le plus chatoyant.

Très concrètement, jetez donc d'abord vos idées sur le papier, comme elles viennent, sans chercher pour le moment à les classer ou à les enchaîner. Et même, il n'est pas mauvais que ce brouillon ne soit pas trop propre : ainsi, vous serez plus enclin à manipuler cette matière, à la tordre dans tous les sens, à faire des essais pour voir ce que vous pouvez en faire et comment vous pouvez approcher au mieux votre vérité. En d'autres termes, travailler « au brouillon » est comme manier de la pâte à modeler : si la première forme n'est pas la bonne (et c'est rarement le cas), ce n'est pas grave, on recommence – « au propre », ce serait plutôt du ciment à prise rapide, vous voyez ?

Puis tranquillement, en laissant jouer votre intuition et vos impressions, vous trouvez pour votre matière l'ordre qui vous semble le plus évident (en traçant des flèches, en apposant des numéros, comme vous voulez). Et le voilà, le canevas sur lequel vous allez broder. Parce que vous l'avez sous la main, comme guide, vous pouvez vous permettre de vous laisser aller, de divaguer çà et là ; sans crainte de vous perdre dans vos digressions, car il vous est toujours loisible de revenir à cette trame quand vous le jugez nécessaire. Cette carte sur laquelle vous jetez régulièrement un coup d'œil vous autorise à quitter l'autoroute pour vous risquer dans la campagne. De la sorte, loin d'être une contrainte, le plan offre une véritable liberté de manœuvre.

Faites un plan : suivi ou pas, il vous servira de guide.

Faire bon usage des modèles

« ... Mais quand même, ce serait plus simple si on avait un modèle, histoire de voir à quoi ça pourrait ressembler... » Plus simple oui, plus efficace non. Écrire en suivant un patron, c'est même tout à fait contraire à l'esprit de l'Écriture Résolutive.

En tant que formatrice, aussi bien à l'Université qu'en entreprise, je constate tous les jours le caractère pernicieux de cette place donnée aux « modèles », aux fiches toutes faites, aux listes d'indicateurs préfabriquées et autres tableaux de bord prêts à l'emploi. Je conçois fort bien qu'ils aient leur utilité dans le traitement massif de données quantitatives, qu'ils soient indispensables pour les consolidations à grande échelle qu'exigent les organisations complexes d'aujourd'hui. Mais faut-il systématiquement au manager un référentiel du « leader performant » pour travailler efficacement, et à la ménagère une grille de la « femme au foyer d'aujourd'hui » pour repasser correctement le linge ?

Ce préformage de la réalité à usage managérial est rassurant ; il fait accroire qu'il ne s'agit jamais que de coller à une norme. Si Gisèle ou Alphonse ne sont que « peu polyvalents », c'est certainement qu'ils devraient l'être plus ; si tel processus n'est que « peu documenté », c'est certainement qu'il devrait l'être plus ; et si la femme que je suis n'est que peu serviable et douce, c'est aussi que je devrais l'être beaucoup plus, etc. C'est bien simple : il faut toujours avoir mention très bien. Comme à l'école. Les étudiants veulent des « corrigés » pour être sûrs de ce qu'il convient de penser, et ne me croient pas (je le vois bien) quand je leur réponds que l'imitation stérile et l'application irréfléchie ne constituent pas un exercice intéressant de leur intelligence.

Donc, je me garderai bien de vous fournir un quelconque modèle. En revanche, j'illustrerai mon propos de références « littéraires ». L'un des points communs des ouvrages que je vais citer est, fiction ou non-fiction, de n'avoir d'autre fin qu'eux-mêmes ; rien à voir avec les documents professionnels dont l'existence ne se justifie que de permettre ou de célébrer un résultat. Tel est du reste le document écrit que l'Écriture Résolutive vous fera produire : orienté vers un résultat (l'amélioration de votre situation). Mais il ne pourra l'atteindre qu'en se pliant à la règle littéraire de la gratuité : en passant, ne serait-ce que brièvement, par la case « littérature », vous vous ressouviendrez de toutes les ressources de la langue que vous parlez tous les jours chez vous ou au bureau. Tout un éventail de possibilités dont vous n'avez coutume d'utiliser qu'une (petite) partie ; un vieux coffre à jouets dont je vous invite à redécouvrir les trésors oubliés.

La littérature dont je vous proposerai de-ci de-là quelques lignes aura pour rôle de vous suggérer une façon de dire à laquelle vous n'auriez peut-être pas pensé de vous-même. Aucune obligation de souscrire à l'une ou à l'autre ; au contraire, la pluralité vous mettra au défi de choisir – ou d'inventer. Tel est l'usage de ces auteurs auquel je vous exhorte – et libre à vous d'en allonger la liste, au gré de vos propres goûts et appétits.

Prenez des modèles, mais seulement pour nourrir votre propre créativité.

Changer de décor pour libérer la parole

Vous savez désormais que vous serez en bonne compagnie, environné des signes écrits laissés par d'autres. Il se peut que la chose ne rende pas votre prise de parole plus aisée. Je le signalais à propos de l'opposition entre oral et écrit : ce dernier n'est pas soutenu par les encouragements d'autrui. Il n'est pas facile de prêcher dans le désert, ni de déballer son histoire avec une plante verte pour seul public, si avenante soit-elle. C'est pourquoi il pourra vous être utile de faire travailler votre imagination, et de vous projeter dans une situation fictive plus propice à l'élaboration de votre récit. Grâce à cette petite mise en scène, il vous sera possible, si besoin est, de faire surgir en face de vous le personnage auquel vous avez envie de vous adresser.

« *Maintenant, messieurs, je veux vous raconter, que cela vous plaise ou non, pourquoi je n'ai même pas pu devenir un insecte. Je vous le dis avec solennité : j'ai voulu devenir un insecte à de nombreuses reprises. Et, même là, je n'ai pas eu l'honneur. Je vous assure, messieurs : avoir une conscience trop développée, c'est une maladie, une maladie dans le plein sens du terme.* »[1]

---

1. Fedor Dostoïevski, *Les Carnets du sous-sol*, traduit du russe par André Markowicz, Arles, Actes Sud, Babel, 1992, p. 15.

Tel est le discours tenu par un héros de Dostoïevski, au début du long monologue par lequel il entend se présenter. Cet homme seul, terré dans son trou, dresse devant lui un auditoire muet de « messieurs » avec lesquels il engage un faux dialogue afin de préciser son propre portrait :

« *Vous devez croire, messieurs, que j'ai l'intention de vous amuser ? Là aussi vous faites erreur. Je ne suis pas du tout le boute-en-train que vous croyez, ou que vous croyez peut-être ; mais si ce bavardage vous énerve (je sens qu'il vous énerve), et s'il vous vient l'idée de me demander : qui suis-je au juste ? – je vous réponds : je suis un assesseur de collège.* »[1]

Ce curieux tribunal anonyme incarne à tout moment du texte l'interlocuteur dont le héros a besoin pour s'exprimer ; c'est un élément nécessaire de la situation de communication. N'avez-vous pas vous-même une sorte de partenaire imaginaire privilégié ? Qu'il soit votre confident ou votre souffre-douleur, peu importe, il peut prendre toutes les figures. Comme le héros de Dostoïevski, vous pouvez en faire un interlocuteur explicite dans votre récit, et l'interpeller directement. Mais ce n'est pas la seule solution. Il suffit peut-être que vous l'ayez en tête, que vous sachiez que vous vous adressez à lui, sans pour autant lui donner une existence dans le texte que vous écrivez. Regardez Rousseau. Au début de ses *Confessions*, c'est Dieu qu'il prend à témoin :

« *Que la trompette du jugement dernier sonne quand elle voudra ; je viendrai, ce livre à la main, me présenter devant le souverain juge. Je dirai hautement : voilà ce que j'ai fait, ce que j'ai pensé, ce que je fus.* »[2]

Illustre destinataire qu'il donne au récit de sa vie : il écrit sous le regard du Tout-Puissant, tenu par ce vis-à-vis ultime à la plus

---

1. *Ibid.*, p. 14.
2. Jean-Jacques Rousseau, *Les Confessions*, Paris, Garnier-Flammarion, 1968, p. 43.

haute sincérité. Vous non plus, n'hésitez pas à construire le face-à-face qui vous conviendra le mieux en fonction de ce que vous avez à dire. Parlez à Dieu pourquoi pas, à votre patron, à votre assistant, à votre associée, à votre sœur, à votre père, à votre mari, à votre médecin, à votre astrologue, à votre valet de pied, à votre hamster… : liberté totale !

Liberté aussi, dès lors, de ne vous adresser à personne en particulier – ou plutôt de ne pas chercher à répondre à la question de votre destinataire. Très bien ! Laissons-le dans l'ombre. Mais que cela ne vous empêche pas de vous prêter à un léger décalage imaginaire : et si vous étiez ailleurs ? Oh, pas nécessairement très loin ; juste dans un autre décor, qui donnerait à votre acte d'écriture plus d'aisance, plus d'évidence. Il existe par exemple des situations dans lesquelles raconter ce qui vous arrive serait tout à fait naturel : et si vous vous apprêtiez à écrire une lettre ? Certes, les NTIC précipitent le déclin de cette délicate pratique ; mais enfin, elles n'en ont pas, je crois, effacé le charme de nos mémoires. « Chers parents, j'espère que vous allez bien, moi ça va… » tracé en biais, malgré tant d'application, au dos d'une carte postale. La lettre, ou pourquoi pas le journal ? « 25 janvier 2007. Enfin, c'est vraiment l'hiver. Du coup, les bureaux sont surchauffés. Toujours par résolu le problème de l'habillement adéquat… » Ces deux genres ont l'avantage de vous mettre insensiblement sur la voie, parce que considérés comme communs, autorisés à tous : pas besoin d'être Kafka pour tenir un journal[1] ni Flaubert pour avoir une correspondance[2]. La feinte peut donc être payante, et vous incliner à endosser la robe de chambre de l'écrivain.

---

1. Franz Kafka, *Journal*, Livre de Poche, 2002.
2. Gustave Flaubert, *Correspondance*, Gallimard, 1998.

Mais, au fait, comment le voyez-vous ? En robe de chambre dans… sa chambre ? En col roulé dans un nuage de fumée ? En maillot de bain sous les tropiques ? En perruque poudrée maniant la plume d'oie ? Sans doute cela dépend-il du type d'œuvre que vous lui associez. Quel que soit le costume, pourquoi ne pas l'emprunter ? Vous pourrez du même coup vous essayer à d'autres genres, plus codifiés.

« Il était une fois un roi et une reine qui étaient si fâchés de n'avoir point d'enfants, si fâchés qu'on ne saurait le dire. Ils allèrent à toutes les eaux du monde : vœux, pèlerinages, menues dévotions, tout fut mis en œuvre et rien n'y faisait. Enfin, pourtant, la reine devint grosse, et accoucha d'une fille. »[1]

Le conte offre une forme de récit plus canonique, mais point inaccessible : il sonne assez intime à nos oreilles pour que nous nous pensions capables d'adopter cette manière-là de raconter.

Enfin, vous constatez que la diversité des genres induit la diversité des registres ; là aussi, tout est permis, du plus solennel au plus familier.

« Un soir je suis assis sur le lit dans ma chambre d'hôtel sur Bunker Hill, en plein cœur de Los Angeles. C'est un soir important dans ma vie, parce qu'il faut que je prenne une décision pour l'hôtel. Ou bien je paie ce que je dois ou bien je débarrasse le plancher. C'est ce que dit la note, la note que la taulière a glissée sous ma porte. Gros problème, ça, qui mérite la plus haute attention. »[2]

Le ton est ici plus décontracté, dans une ambiance crépusculaire, pour évoquer l'existence, au ras du bitume, d'Arturo

---

1. Charles Perrault, *La Belle au bois dormant*, BNF, document électronique, texte établi par Gilles Rouger, p. 1.
2. John Fante, *Demande à la poussière*, traduit de l'américain par Philippe Garnier, Paris, Christian Bourgois, 1986, p. 11.

Bandini, le futur grand auteur fauché, le génie putatif désespérément en rade devant sa machine à écrire. Si cette souplesse, ce pas plus feutré vous sied… fort bien ! À vous de voir comment vous vous sentirez le plus à l'aise pour commencer (quitte à changer par la suite). Et si vous êtes en mal de style, qu'à cela ne tienne, je peux vous diriger vers un spécialiste ! Procurez-vous les *Exercices de style* de Raymond Queneau[1]. Ce petit livre hautement réjouissant vous donnera une idée des 101 différentes façons de tourner une seule et même anecdote ; il vous donnera peut-être aussi un peu le tournis… Mais quelles que soient finalement vos options stylistiques, et même si elles consistent à ne rien choisir et à laisser faire comme ça vient, ce que vous écrirez aura, que vous le vouliez ou non, un ton particulier : le vôtre.

Inventez-vous quelqu'un à qui vous adresser, et un décor.

L'invention d'un monde

Je/Il, ou comment vous présenter

Vous allez coucher sur le papier l'expérience qui est la vôtre et telle est depuis le début ma recommandation : exprimez-vous, c'est de vous qu'il est question, c'est de vous que viendront les réponses. C'est donc, semble-t-il, l'occasion ou jamais d'affirmer votre point de vue, de montrer ce que vous êtes en faisant retentir votre voix à la première personne « MOI, je trouve que… » Oui, mais… sans vouloir chercher midi à quatorze heures… est-il si évident que vous vous exprimerez mieux, plus pleinement, plus singulièrement, à l'intérieur de ces petits mots magiques – « Moi, je… » ? Ce n'est pas absolument

---

1. Raymond Queneau, *Exercices de style*, Gallimard, 1982.

certain – en tout cas, la question mérite d'être posée, afin que vous vous représentiez le choix qui se propose à vous.

Nous avons ensemble regardé Jean-Jacques Rousseau élever sa parole à la face du monde : « *Je forme une entreprise qui n'eut jamais d'exemple [...]. Voilà ce que j'ai fait, ce que j'ai pensé...* » ; Arturo Bandini s'efforcer sous nos yeux de secouer sa pauvre médiocrité : « *C'est un soir important dans ma vie, parce qu'il faut que je prenne une décision pour l'hôtel. Ou bien je paie ce que je dois ou bien je débarrasse le plancher [...]. Gros problème [...]. Je le résous en éteignant la lumière et en allant me coucher.* » Jean-Jacques Rousseau présente la vie de Jean-Jacques Rousseau, John Fante celle d'Arturo Bandini ; ils ont tous deux choisi de faire dire « je » à leur personnage. Mais le *je* central des *Confessions*, aussi bien que celui de *Demande à la poussière*, est bien celui d'un personnage, qui aurait tout autant pu surgir sous la forme d'un *il*, d'une troisième personne.

Au lieu de :

« *... Je naquis informe et malade ; je coûtai la vie à ma mère, et ma naissance fut le premier de mes malheurs* »,

nous pourrions lire dans les premières pages du livre qui raconterait lui aussi la vie de Rousseau : « ... Il naquit informe et malade ; il coûta la vie à sa mère et sa naissance fut le premier de ses malheurs », et ces lignes nous évoqueraient bien le personnage de Jean-Jacques. Idem pour Bandini : « Un soir Arturo est assis sur le lit dans sa chambre d'hôtel sur Bunker Hill, en plein cœur de Los Angeles. C'est un soir important dans sa vie, parce qu'il faut qu'il prenne une décision pour l'hôtel... »

Ces métamorphoses, bien sûr, sont simplement plausibles ; l'original a sa force et sa nécessité, souveraines. Dans les deux cas, même si la matière apparaît comme semblable, changer de pronom affecte profondément le propos et nous met en face d'une réalité différente. *Je* ou *il*, ce n'est pas le même regard qui est porté sur le monde. Reste que, les deux cas cités l'attestent, l'histoire « en clé de *il* » et l'histoire « en clé de *je* » sont également possibles et légitimes.

Donc vous aussi, comme écriveur de votre histoire, avez le choix entre ces deux possibilités (je passe sur les autres – le *vous* par exemple : « Un soir, vous êtes assis sur le lit dans votre chambre d'hôtel… » –, plutôt expérimental et d'un maniement plus problématique). Clé de *je* : « Depuis mon premier jour dans cet immeuble, j'ai toujours su que j'aurais des difficultés à me faire accepter. J'ai mis du temps à comprendre pourquoi… » Ou clé de *il* : « Quand il arriva dans l'immeuble, Bernard sentit que ça n'était pas gagné, bien qu'il ait reçu un accueil plutôt chaleureux. Avec le recul, peut-être que ce qu'il avait pris pour de la chaleur était en fait… »

Le *je*, quand même, vous paraît plus naturel ? C'est normal : il permet, croyez-vous, la transposition la plus facile à l'écrit de ce que vous diriez à l'oral – et par conséquent la besogne d'écriture la plus réduite ; il vous suffirait de vous imaginer en train de discourir, et de laisser la plume vous pantographier les ondes du cerveau… Eh bien non. Chercher à mettre en mots la vérité d'une expérience ne va pas de soi, et si ce labeur peut se révéler tout à fait jouissif, c'est parce qu'il surmonte des résistances, non parce qu'il n'en rencontre pas. Ce que j'ai précédemment décrit comme *travail* d'écriture et, à ce titre, comme principe actif de l'Écriture Résolutive, ne peut être si vite éludé. L'écrit en clé de *je* est souvent paré d'une forme d'évidence : à cause du petit pronom magique, de l'identification qu'il induit, on a vite fait de croire qu'on aurait pu en être l'écriveur – c'est une illusion… Ainsi, *je* ou *il*, la mise en mots vous demandera un peu d'effort.

Il y a cependant un biais par lequel effectivement la clé de *je* est susceptible d'offrir à l'écriveur une petite remise de peine : c'est qu'en portant son regard sur toute chose, en étant l'œil, il peut esquiver la description de l'être qui est le siège de cet œil, lui-même. L'emploi du *je* vous autorise à ne jamais vous présenter, à ne jamais dire à quoi vous ressemblez, quels sont vos gestes, votre ton de voix… Pourtant, vous faites bel et bien partie de la situation que vous allez raconter.

Pourquoi, dès lors, faire l'impasse sur votre personne – sur votre personnage ? Ce serait vous priver d'un élément plutôt important de l'action, ne trouvez-vous pas ? Ce *il* qui est vous, vous pouvez, en le présentant, dégager ses caractéristiques ; vous pouvez même à l'occasion faire le point sur ce que les autres (personnages) pensent de lui, voient en lui – bien sûr vous n'êtes pas à l'abri de l'erreur ; mais nous verrons bientôt que c'est rigoureusement sans importance. Par cette auto-observation, le récit vous procure la possibilité de prendre vis-à-vis de vous-même le fameux recul (« sortir le nez du guidon ») que vous appelez de vos vœux. Si vous vous traitez comme un personnage, vous serez plus enclin à vous décrire *de l'extérieur*.

Et en vérité ce petit tour de passe-passe, loin d'être une représentation trompeuse (« littéraire » comme on dit ; pour faire joli), rejoint une réalité que masque l'usage du *je* : l'écriveur que vous vous préparez à être *n'est pas* le personnage qu'il va mettre en scène – il ne l'est *plus*. Il y a un nécessaire décalage entre vous et cet homme – cette femme – que va chercher à saisir votre regard rétrospectif. Vous serez, pour reprendre les mots de Verlaine :

« … ni tout à fait la même
Ni tout à fait une autre… »[1]

Cet entre-deux est la position la plus propice à une saisie authentique de ce que vous êtes : ni identité complète, ni

---

1. Paul Verlaine, *Poèmes saturniens*, « Mon rêve familier », in *Œuvres complètes*, textes électroniques de la Bibliothèque nationale de France, repris de Garnier, Paris, 1987.

totale étrangeté. Il comporte à la fois la distance qui permet la vision nette de l'analyse *et* l'intimité qui permet la compréhension de l'empathie. En vous prenant pour un autre, vous serez dans cette position idéale d'observateur, à même de détecter des dimensions inattendues de votre personnage.

Choisissez entre *Je* ou *Il* pour parler de vous.

Eux, ou comment les présenter

Vous avez choisi de dire *je* ou *il*, pour désigner votre personnage dans l'univers de votre récit. Mais vous n'y êtes pas seul(e) au monde ! – enfin, selon toute vraisemblance. La situation qui vous occupe est peuplée de gens, dont les allures, les attitudes, les faits et gestes constituent une bonne part de votre réalité. Raconter vos relations avec eux suppose que vous présentiez un tant soit peu ces personnages (souvenez-vous : votre récit entend donner une vision intelligible des choses, il doit être déchiffrable pour un œil extérieur).

Pour être simple et direct, disons qu'un personnage va exister devant nos yeux en plusieurs dimensions : par sa personne (son apparence physique, ses traits moraux, sa position sociale) et par ses actions (ce qu'il fait bien sûr, mais aussi ce qu'il pense et dit). Au moment d'évoquer votre compagnon de bureau, votre femme ou votre associé, il vous faudra les amener à l'existence par quelque dénomination. Le service minimum peut être assuré par le recours au nom propre : Gisèle, Monsieur Renato, JP... : ici, l'être désigné dans sa pure singularité reste opaque, le lecteur saura qu'il existe mais à peu près rien de plus ; et les vrais enjeux du récit risquent d'être inintelligibles pour toute personne autre que vous-même (ou l'une des personnes impliquées dans la situation).

Autre possibilité : désigner le personnage, comme je viens de le faire quelques lignes plus haut, par sa place dans un organigramme (ou un arbre généalogique) – « mon boss », « ma cousine » –, ce qui risque de produire une opacité à peine moindre ; le récit sera presque aussi énigmatique. En vous contentant de situer ce personnage par rapport au vôtre, vous n'effectuez qu'un mouvement timide hors de vos évidences, et vous ne faites qu'employer les mots de tout le monde. Or, l'un des principaux bénéfices attendus de ce récit, vous l'avez compris, est de vous faire sortir de vos rails accoutumés et glisser un œil hors des œillères du quotidien – c'est à ce prix que vous sortirez de votre ornière. Donc, efforcez-vous au maximum d'être explicite. Quitte à vous laisser un peu emporter : vous avez le droit d'extrapoler, d'exagérer, de dépasser les bornes puisque l'exercice fait appel non seulement à votre raison, mais à toute votre sensibilité.

Les autres ont aussi un corps, qu'ils ont l'habitude de promener avec eux, d'envelopper dans tel ou tel type de frusques, de déplacer à telle ou telle vitesse, de déposer sur votre bras (une main) ou sur votre bureau (une fesse) quand ils viennent vous parler. Nieriez-vous que ces données contribuent à composer l'idée que vous vous faites d'eux, de leur collaboration ou de leur cohabitation avec vous ? Ce genre d'observations paraît donc digne d'intérêt. Encore une fois, donnez-leur la forme que vous jugez la plus pertinente. À titre d'exemples, voici quelques classiques.

« *Un Loup n'avait que les os et la peau,*
Tant les chiens faisaient bonne garde.
Ce Loup rencontre un Dogue, aussi puissant que beau,
Gras, poli, qui s'était fourvoyé par mégarde. »[1]

Nous avons là deux protagonistes, dont la description physique est aussi rapide que fulgurante ; elle préfigure à elle seule toute la tension de la fable qui va suivre. N'avez-vous pas, vous aussi, quel-

---

1. Jean de La Fontaine, *Fables*, « Le Loup et le Chien », Paris, Livre de Poche, 1996, p. 65.

ques épithètes bien senties à accoler à vos collaborateurs ou à vos proches ? C'est le moment de sortir de la neutralité qu'imposent des échanges normalisés par les codes sociaux habituels.

D'autant plus que la caractérisation physique vient rarement seule, et sert de support à d'autres notations. Elle peut être une fenêtre ouverte sur l'âme du sujet :

« Au premier coup d'œil les joueurs lurent sur le visage du novice quelque horrible mystère, ses jeunes traits étaient empreints d'une grâce nébuleuse, son regard attestait des efforts trahis, mille espérances trompées ! La morne impassibilité du suicide donnait à ce front une pâleur mate et maladive… »[1]

Vous me direz peut-être qu'en l'occurrence, il est fichtrement bien renseigné, ce Balzac ! Drôlement calé, pour repérer ces affres secrètes dans les seuls traits d'un visage… Oui, c'est l'un des charmes de l'écriture balzacienne. Sans doute n'aurez-vous pas cette perspicacité, tout simplement parce que vous n'aurez pas inventé de toutes pièces vos personnages. N'empêche, n'y a-t-il pas des choses que vous pressentez sous la surface, d'imperceptibles mais bien réels frémissements ? Et n'avez-vous jamais risqué quelque hypothèse pour les expliquer ? Un œil triste, une raideur, des distractions… Il est certain, à les côtoyer depuis longtemps parfois, que vous avez emmagasiné sur ces hommes et ces femmes une foule de micro-informations qui, pour n'avoir jamais été converties en mots, n'en ont pas moins d'influence sur votre jugement. Pourquoi ne pas vous essayer à les mettre en mots ?

« Avec la vivacité et la grâce qui lui étaient naturelles quand elle était loin du regard des hommes, Mme de Rênal sortait par la porte-fenêtre du salon qui donnait sur le jardin… »[2]

1. Honoré de Balzac, *La Peau de chagrin*, Paris, Garnier-Flammarion, 1971, p. 63.
2. Stendhal, *Le Rouge et le Noir*, Paris, Gallimard, Folio, 1972, p. 49.

Pensez-y : « Gérard s'efforçait d'avoir l'air détendu ; mais je l'avais souvent vu se ronger les ongles et torturer fébrilement son stylo quand il se croyait à l'abri des regards... » Si Gérard est un acteur central pour comprendre ce qui vous préoccupe, il sera intéressant de s'arrêter un instant sur son cas, sur ce que vous savez/pensez/imaginez sur son compte. Sa manière de s'habiller, par exemple, suscite éventuellement en vous des pensées irrésistibles. Même sans grands efforts d'imagination, ce que ces gens vous livrent tous les jours constitue un matériau considérable.

> **Présentez les personnages de votre histoire dans toutes leurs dimensions.**

Ce qu'ils font bien sûr, mais aussi ce qu'ils disent, et que vous avez maintes façons de faire figurer dans votre récit. Il y a le style direct figurant « normalement » au sein de la narration :

– « *Canton est une très grande ville, dit négligemment le juge Ti. Je pensais trouver entre ses murs plus de deux experts sur ce sujet.*

D'une voix suave, le gouverneur répliqua :

– *Le commerce extérieur étant partiellement assujetti au contrôle de l'État, il est nécessaire qu'il soit réglementé de façon fort stricte. Les personnes dont je vous ai parlé en tiennent à elles deux tous les fils.*

Tsiao Taï s'avança :

– *J'ai entendu dire qu'un certain capitaine Ni était aussi considéré comme un expert en ce domaine...* »[1]

Cet extrait présente l'intérêt d'illustrer des conventions généralement acceptées (et donc devenues invisibles) en matière

---

1. Robert Van Gulik, *Meurtre à Canton*, traduit de l'anglais par Roger Guerbet, Paris, 10-18, 1983, p. 62.

de narration. Si vous lisez le passage que je viens de citer sans vous poser de questions, ce dialogue vous paraîtra « normal », assez banal pour que vous le considériez immédiatement comme vraisemblable. Pourtant, c'est une pure construction, fort peu réaliste au sens où elle est très loin de décalquer une réalité. Si on y regarde de plus près, on s'aperçoit de cette dimension artificielle.

Tout d'abord, le ton est très homogène malgré la diversité des personnages : le gouverneur, le juge et l'adjoint du juge ont le même type de langage. Leurs styles personnels ne sont pas indiqués par leur parole, mais par la manière dont le narrateur les présente. Ils sont distingués par l'ordre dans la prise de parole (manifestant un ordre hiérarchique) et les notations sur leur attitude qui accompagnent leurs propos : fausse désinvolture du juge (« *négligemment* »), louche politesse du gouverneur (« *suave* »), initiative physique de l'adjoint (« *s'avança* »). Par ailleurs, ces propos au style direct ne tranchent pas sur ceux que pourrait assumer le narrateur : la phrase « *Le commerce extérieur étant partiellement assujetti au contrôle de l'État...* » ressemble moins à une réplique spontanée qu'à une information artificiellement attribuée un protagoniste de l'action. Par ce biais, le narrateur fait semblant de transcrire les propos tenus par des personnages, alors qu'il place dans leur bouche un discours qui est le sien propre.

C'est une possibilité dont vous disposez pour raconter, par exemple, ce qui s'est passé lors de telle ou telle réunion de travail ou de famille où se sont jouées des choses importantes pour vous : vous pouvez reconstruire les dialogues, et même s'ils ne correspondent pas exactement à ce qui a été dit, ils refléteront vote perception des événements.

Quelquefois, c'est non une attitude générale mais un mot particulier qui est frappant. Il mérite alors d'être rapporté avec exactitude parce que, sans être particulièrement remarquable en soi, il est significatif, étroitement lié à un personnage précis :

« *J'ai tellement entendu parler de cette typhoïde qu'elle a pris, peu à peu, une place capitale dans mon existence. Ma mère avait l'habitude de dire :*

– C'était avant (ou après) ma typhoïde.

Ce que c'était vraiment que la typhoïde, je l'ignorais, mais le mot me paraissait neuf, un peu baroque. Entre nous deux, il a servi de point de repère, de date historique. Nos vies étaient comme balisées par la typhoïde de ma mère. »[1]

Le caractère exotique d'un vocable, sa récurrence dans la vie quotidienne du jeune garçon : il n'en faut pas plus pour que sa seule évocation fasse surgir tout un monde, articulé autour de la diction maternelle. La citation de la mère devient incantatoire ; c'est de la magie. Certaines expressions ont parfois cette adhérence têtue, capable de marquer notre histoire d'une empreinte indélébile. Un mot mal à propos et qui fait rire, un mot inattendu et qui fait mouche, une belle formule : la vie collective des hommes est tissée de ces légendes. Nous nous en souvenons peut-être pour des raisons apparemment futiles, mais jamais sans raison ; aussi, n'hésitez pas à leur faire une place dans votre récit.

Parfois, la bonne façon de rendre le relief des êtres, c'est de leur laisser leur parole :

– « Oh écoute, tu es terrible, tu pourrais faire un effort… j'étais horriblement gênée…

– Gênée ? Qu'est-ce que tu vas encore chercher ? Pourquoi gênée, mon Dieu ?

– C'était terrible quand il a sorti cette carte postale… la reproduction… Si tu avais vu avec quel air tu l'as prise… Tu me l'as passée sans la regarder, tu as à peine jeté un regard… Il avait l'air ulcéré…

---

1. Henri Calet, *Les Grandes Largeurs*, Paris, Gallimard, L'Imaginaire, 1951, p. 57.

— Ulcéré… voyez-vous ça… Il était ulcéré parce que je ne me suis pas extasié comme ils font tous… »[1]

Ici aucun nom, aucun titre, aucun corps, aucun caractère : seulement des mots comme attrapés au vol et qui, se déposant les uns sur les autres, dessinent peu à peu des silhouettes : une femme (« *gênée* »), un homme (« *extasié* »), un impair commis, et ainsi de suite… Tout l'art de Nathalie Sarraute : ces fines pellicules de parole (ou de pensée) se révèlent extrêmement efficaces pour représenter la situation dans sa complexité. On peut donc aller jusque-là. Mais ne nous le cachons pas, il y faut bien du talent : ces premières lignes des *Fruits d'or* n'ont rien de l'enregistrement passif d'une conversation réelle (dont il ne ressortirait que confusion — si si, faites l'essai d'enregistrer, et vous verrez !). C'est une fiction artistement construite, finement élaborée. Elle peut, dans sa singularité, vous donner des idées.

Pour obtenir l'évocation de vos personnages qui vous convient, vous avez donc, à certains moments, intérêt à les faire parler. Mais ce n'est pas non plus une obligation. Dans votre caisse à outils de conteur, vous trouvez d'autres instruments à côté du discours direct, comme la possibilité de rapporter les propos de manière simplifiée, sans céder le micro :

« La conversation s'enlise. Je chipote mon vermicelle caramélisé. Il me conseille de retrouver Dieu, ou d'entamer une psychanalyse ; je sursaute au rapprochement. Il développe, il s'intéresse à mon cas ; il a l'air de penser que je file un mauvais coton. Je suis seul, beaucoup trop seul ; cela n'est pas naturel, selon lui. »[2]

---

1. Nathalie Sarraute, *Les Fruits d'or*, Paris, Gallimard, Folio, 1963, p. 5.
2. Michel Houellebecq, *Extension du domaine de la lutte*, Paris, Éditions J'ai Lu, 1994, p. 32.

Simplification : on n'aura accès à ce qui se dit qu'en substance, tel est le choix du narrateur ici – pourquoi pas ?

> Faites parler vos personnages pour faire vivre leur évocation.

Les lieux et les temps

Nous venons de faire un petit tour du côté des personnages (vous et les autres) évoluant dans votre récit ; dans votre récit, c'est-à-dire dans un cadre spatio-temporel donné.

Deux mots sur l'espace : tout ce que vous décrivez prend place quelque part, évidemment. Néanmoins, on a peu l'habitude de se poser cette question de l'espace lorsqu'on tente d'analyser nos difficultés (surtout si elles prennent place dans des espaces très familiers) : où ce qui vous arrive a-t-il *lieu* ? Parce qu'il faut bien que tout ait un lieu, on finit par oublier lequel, et quelles conséquences cette localisation peut avoir sur les événements. Encore une occasion pour vous d'expliciter dans ce que vous vivez des éléments ordinairement inaperçus : vos personnages prendront place dans un décor, que vous pourrez dès lors vous exercer à caractériser. À quoi ressemblent les lieux qui vous voient travailler tous les jours ? Petit bureau ou *open space* ? Portes ouvertes ou fermées ? Peinture grise ou rose bonbon ? Locaux sonores ou feutrés ? Etc. Et la difficulté que vous cherchez à traiter, où s'est-elle nouée ? Une description, ne serait-ce que rapide, de ces lieux est riche de signification. Aussi gagnez-vous à y penser lors de l'élaboration de votre récit.

> Décrivez avec précision les lieux où l'action se déroule.

À présent le temps. Les actes, les paroles, les relations que vous retracez sont – encore évidemment – soumis à un déroulement chronologique. Mais là, les choses se corsent légèrement :

votre récit, déployé sur la page, une phrase *après* l'autre, se déroule lui aussi dans le temps. Deux dimensions temporelles que le conteur que vous êtes doit articuler... Attendez, ne partez pas ! Ce n'est pas une embrouille de spécialiste ! Non non, c'est simple, on ne peut plus banal même. Je vous jure ! Écoutez : les bonnes blagues, il y a ceux qui savent les raconter... et les autres (j'avoue en être), ceux qui ont l'art de faire tomber le truc à plat. Quelle disgrâce touche ces pauvres mortels ? Ils ne savent pas ménager le suspense ni glisser au bon moment le détail piquant, ils vendent la mèche par inadvertance... Autrement dit, ils connaissent l'histoire au sens où ils savent bien de quoi elle parle (sujet généralement sans grand intérêt propre), mais ils sont loin de maîtriser l'enchaînement qui la met en valeur et constitue au fond sa raison d'être. Ce qui manque de tempo, c'est non la chronologie des faits racontés, mais celle de la narration elle-même. Pour votre récit, cette distinction est également valable, et l'ordre de votre narration ne suit pas nécessairement l'ordre réel des événements décrits ; c'est encore un choix que vous faites.

Au point de départ, semble-t-il, il y a le déroulement des choses que vous voulez raconter : comment vous avez rencontré cet homme, puis été amenée à accepter de l'épouser, pour ensuite vous retrouver coincée dans cette banlieue... Ou comment vous avez pris la direction de l'équipe, puis dû accepter d'y intégrer ce polytechnicien, puis assumé les conséquences de son inaptitude au management... Ou comment, sans trop savoir pourquoi, vous en êtes arrivé à pousser votre porte pour pouvoir vous concentrer, puis à supprimer réunion après réunion par souci de gain de temps, puis à reprendre en main des tâches que vous aviez déléguées... Quelle que soit votre histoire, elle est faite de moments l'un après l'autre, d'événements ou de gestes successifs dont l'ordre pour vous relève de l'évidence. Peut-être vous semble-t-il « naturel » de vous plier à cette chronologie.

C'est selon ce raisonnement qu'il peut paraître évident de commencer un récit autobiographique par des indications sur les parents :

« *Je suis un produit d'avant-guerre. Je suis né dans un ventre corseté, un ventre 1900. Mauvais début. Ils pataugeaient dans le chemin des pauvres, mon père de vingt ans et ma mère, qui devait avoir bien du charme avec sa trentaine...* »[1]

Les parents, début logique... mais au fait, pourquoi eux ? Tant qu'à faire, il y avait bien avant eux des grands-parents, et des aïeux à l'infini... Ce choix n'est donc pas si *naturel*. Il y a toujours quelque illusion à vouloir saisir d'absolus commencements. Alors, mettons le point de départ là où ça nous chante, sans croire qu'il y aurait un passage obligé.

> Placez le point de départ chronologique de l'action
> où vous voulez.

La distinction la plus simple, sur cette question, serait la suivante : soit le début du récit coïncide avec le début des événements racontés, soit pas. Première branche de l'alternative : « Il était une fois un roi et une reine... » On pourrait même dire que la fameuse expression « *il était une fois* » a essentiellement pour fonction de faire place nette afin de permettre à l'histoire de se bâtir à partir de rien ; une pure origine, sans antécédent, où tout est à venir.

Seconde branche de l'alternative, le commencement dit *in medias res*, en plein milieu de l'action :

---

1. Henri Calet, *La Belle Lurette*, Paris, Gallimard, L'Imaginaire, 1935, p. 9.

« Pas croyable, ça fait la cinquième fois que Bouba met ce disque de Charlie Parker. C'est un fou de jazz, ce type, et c'est sa semaine Parker. La semaine d'avant, j'avais déjeuné, dîné, soupé Coltrane et là, maintenant, voici Parker. »[1]

Dès la première ligne, le lecteur tombe en plein dans le bouillon de la vie : cinquième répétition de la petite musique… Dès lors, pour se faire comprendre, l'écriveur doit remonter en arrière – d'une semaine en l'occurrence. Si vous choisissez de précipiter directement votre lecteur dans le vif du sujet, il vous faut ensuite effectuer quelques retours en arrière pour lui expliquer comment/pourquoi on en est arrivé là, afin qu'il puisse saisir les enjeux de ce que vous relatez. Et vous êtes ainsi amené à faire diverger le fil temporel des événements racontés et celui de votre récit ; par exemple, pour évoquer le lieu de l'action, à raconter des faits qui s'y sont produits antérieurement ; ou à mentionner des faits antérieurs au début de votre histoire pour expliquer le comportement d'un personnage.

Toutes ces libertés que vous prenez avec l'ordre réel des choses relatées sont quasiment inévitables, voire nécessaires si vous voulez (et c'est le cas) faire apparaître la situation dans sa complexité. Comment faire autrement, dès lors que les causes et les effets s'enchevêtrent, que tant de choses importantes à raconter ont lieu en même temps ? … et vous en venez tout naturellement à utiliser des trucs de conteur.

Retour au western – celui de la bande dessinée cette fois. Voici Lucky Luke et Jolly Jumper vaquant en toute tranquillité à leurs cow-boyesques occupations dans le désert. Tranquillité qui n'a de sens dramatique que si autre chose se passe *en même temps*, ailleurs, pour quelqu'un d'autre. Le récit délaisse alors

---

1. Dany Laferrière, *Comment faire l'amour avec un nègre sans se fatiguer*, Paris, Le Serpent à plumes, 1985, p. 11.

Lucky Luke scrutant, la clope au bec, la ligne orange des Rocheuses, et se déplace quelques kilomètres plus loin en précisant en haut à gauche de l'image : « *Pendant ce temps, à Daisytown…* » Truquage obligé : votre récit est linéaire, il suit *votre* temps (celui que vous prenez, minute après minute, mot après mot), alors que son sujet recouvre un temps démultiplié : celui de Lucky Luke devant son feu de camp, celui de Joe Dalton braquant la banque, celui du croque-mort vissant ses cercueils, celui du vautour craignant à juste titre pour ses plumes…

Et c'est la polyphonie de ces temps, de ces vies, que vous vous efforcez de rendre grâce à votre unique voix, en décidant à quel moment il est judicieux de faire intervenir le fil temporel de tel ou tel protagoniste. Concrètement, si à aucun moment vous n'avez évoqué le personnage du vautour, le fait qu'il soit déplumé à la fin n'aura qu'un effet limité. En revanche, si vous y avez fait référence de temps en temps, il fera pleinement (même si discrètement) partie de l'histoire, et on pourra s'apitoyer sur le sort qui lui est finalement réservé (effet comique, dès lors).

Je parle de vautour ; mais on sait bien qu'il n'y en a guère parmi les humains (n'est-ce pas ?). Risquons donc une rapide transposition pour adapter la chose à votre environnement : si vous n'avez jamais évoqué dans votre histoire une procédure, en vigueur dans votre entreprise, qui vous astreint régulièrement à telle ou telle démarche pénible et qui, disons les choses, vous pourrit la vie ; si, dis-je, vous ne l'avez jamais évoquée tant elle est intégrée à votre paysage, l'intervention dramatique, au milieu de votre récit, de la personne chargée de la faire respecter sera sans doute mal comprise. On ne saisira pas pourquoi vous vous en prenez ainsi à elle, sur quoi se fonde votre réaction, etc. Alors que si, en réfléchissant à vos conditions de travail, vous avez mis à plat cet élément précis, vous pourrez lui donner sa juste place et faire comprendre à votre interlocuteur (à votre lecteur) de quoi il retourne. Vous voyez ?

Pour vous conteur, il y a donc deux façons de traiter le temps et de vous en servir pour construire votre récit. Il y a d'abord le temps des choses racontées ; celui-ci constitue une sorte de rail qui court du début à la fin de ce que vous avez à dire. De votre arrivée dans la société à maintenant ; de la démission du DAF à l'arrivée prévue de son remplaçant, etc. Ce cadre chronologique fixe les limites de l'expérience que vous souhaitez traiter. Vous le ferez apparaître en vous livrant à un exercice simple : à partir de votre situation actuelle, effectuez une projection vers l'arrière, puis vers l'avant. Votre point d'ancrage (le nœud de l'intrigue, le point culminant du drame), c'est ici et maintenant, c'est l'interrogation ou la frustration qui vous habite présentement. De là, la collecte du matériau consiste à remonter dans le passé pour faire apparaître les antécédents de votre situation, puis à vous projeter dans l'avenir pour faire apparaître les craintes et les espoirs qu'elle a fait naître, et les suites que vous envisagez pour elle. C'est pour ainsi dire le fil directeur qui sous-tend l'ensemble de votre mouvement d'écriture.

Il y a ensuite le temps de votre récit, l'ordre dans lequel vous choisissez de présenter la réalité que vous avez délimitée – votre plan. Vous pouvez commencer par évoquer ce que vous vivez sur le moment, ou ce que vous redoutez pour les temps à venir, ou ce qui, selon vous, a tout déclenché... Vous êtes le maître du temps. « *Pendant ce temps, à Daisytown...* » ; « À la même époque, dans notre bureau de Londres... ». Flash-back, anticipations, mises en parallèle, enchâssement d'autres récits ; le sac à malice est plein de tours.

Ainsi, la chronologie que vous dégagez dans la réalité des événements vous sert de point d'appui, mais rien ne vous oblige à la suivre pour relater votre expérience ; voire, il vous sera souvent nécessaire d'y faire des entorses, non pour trahir la vérité, mais pour la servir.

Choisissez de suivre ou non l'ordre chronologique des événements.

La recherche de la vérité

De fait, tel est le but : découvrir la vérité – que Descartes m'autorise, au passage, à lui emprunter pour l'occasion le titre de l'un de ses ouvrages[1]. Et puisque l'on parle de Descartes, vous avez comme un doute : à mettre en œuvre tous les procédés dont je viens de vous entretenir, comment votre propos serait-il véridique ? Ne faudrait-il pas plutôt laisser de côté tous ces artifices ? Le sentiment qui prévaut tout d'abord peut être le suivant : « S'efforcer de dire les choses comme elles sont, d'accord ; mais se compliquer la vie à faire de la littérature, là, franchement... » Je vous comprends. Mais, sauf votre respect, vous faites erreur. Et je le dirai tout net, au risque de vous choquer : votre effort pour dire les choses est *déjà*, en soi, une démarche *littéraire* (et c'est bien là-dessus que se fonde l'Écriture Résolutive). En quel sens je l'entends, cela mérite quelque explication.

L'opinion commune a tendance à voir dans le *littéraire* une sorte d'ornement plus ou moins réussi, agréable souvent mais toujours un peu gratuit ; il y aurait une façon de s'exprimer nue, brute (osons le mot : virile), par opposition à une façon contournée, maquillée (disons-le : assez femelle). Bien entendu, cette distinction a autant de valeur que ma sexologie de comptoir. Il n'y a pas, d'un côté, l'expression directe des choses elles-mêmes, de l'autre, une danse des sept voiles : pour

---

1. René Descartes, *La Recherche de la vérité*, Actes Sud, 1997.

pouvoir exprimer les choses, il faut souventes fois leur tourner autour. Tout langage est une tournure donnée au monde, même quand l'habitude l'a désormais rendue imperceptible.

En la matière, on pense tout de suite à la sélection des mots, comprise comme une question de forme : choisir les mots, c'est choisir une manière de dire. Écrirez-vous : « J'ai eu un accident », « J'ai eu un problème » ou : « J'ai eu un pépin » ? Et en règle générale, le choix se fait en fonction d'un contexte imposé. Si vous voulez faire sérieux, vous ferez figurer sur votre constat : « L'arrière de mon véhicule a été violemment heurté par un véhicule arrivant à pleine vitesse derrière moi », plutôt que : « Tout le coffre de ma bagnole a été écrabouillé par un mec qui fonçait comme un con. » N'empêche que, pour tout le monde, la cause est entendue : peu importe qu'on parle de « bagnole », de « voiture » ou de « véhicule ». Beaucoup n'y voient qu'un vain pinaillage, un coupage de cheveux en quatre, voire une entreprise de sodomisation dirigée contre de malheureuses créatures ailées – ce qu'on appelle, dans les médias d'aujourd'hui, « faire de la sémantique », une espèce de pratique honteuse. Soit. Admettons qu'on puisse de la sorte chasser la question du choix des mots.

Mais il est à craindre qu'à peine la porte refermée elle ne se pointe par la fenêtre. En effet, l'Écriture Résolutive est une démarche où peu de choses sont imposées ; autrement dit, vous ne pouvez pas vous retrancher derrière des nécessités extérieures pour éviter de choisir la manière dont vous vous exprimez. Dès lors qu'est levée cette obligation d'adopter tel ou tel registre, il vous faut prendre parti, en fonction de ce que vous avez à dire. C'est une belle liberté qui vous est offerte pour désigner votre objet : si vous pouvez dire « ma bagnole » plutôt que « mon véhicule », pourquoi ne pas dire « ma guimbarde », ou « mon automobile » ? Que ce soit entre deux ou huit termes, que ce soit en deux secondes ou huit minutes, vous faites un choix, non pas dicté par les bienséances, mais par votre intuition (plus ou moins nourrie de réflexion). Une intuition déterminée par l'expérience que vous avez de votre langue, et qui sait pertinemment, subtilement, que l'un ou l'autre mot ne dit pas la même chose. Le mot que vous avez choisi de préférence à tous les autres, sans trop savoir pourquoi, vous montrera après coup ce que vous vouliez dire, que c'était *ça* que vous vouliez dire – nous aurons l'occasion d'y revenir dans le prochain chapitre, consacré à votre lecture de votre récit.

> Ne craignez pas de faire de la littérature :
> elle dit vrai.

Ainsi, le choix des mots est loin de se limiter à une opération cosmétique : dès lors que c'est vous qui le faites et l'assumez, en toute liberté, il contribue essentiellement à la construction de ce que vous avez à dire. En fait, on pourrait presque poser cette affirmation étrange : ce sont les mots qui créent la chose. Les mots choisis par vous font exister quelque chose (je l'ai jusqu'ici appelée « ce que vous avez à dire ») qui n'avait pas auparavant de réelle existence – ou cette existence à la fois très nette et très nébuleuse qui fait aussi la matière des rêves : l'idée est dotée d'une netteté incomparable, tant qu'on ne cherche pas à la mettre en mots... sitôt confrontée au dictionnaire elle s'effiloche, perd de sa consistance (parfois même elle disparaît tout à fait).

Vous êtes devant votre feuille, et vous vous souvenez très bien de cet épisode d'il y a deux mois, de cet échange entre Paul et Francis en comité de pilotage qui vous a soudain fait comprendre – alors que la conversation ne portait pas sur vous – que jamais vous n'obtiendriez la réorientation de votre poste. Tout devenait clair, à la façon dont ils se parlaient, dont ils s'appropriaient le projet. L'évocation du souvenir est une chose ; la rédaction des événements et de l'effet qu'ils ont produit sur vous est une autre paire de manches... Vous savez très bien, vous cernez très bien « ce que vous avez à dire », mais la décision de le formuler vous rend tout à coup hésitant : c'est que la réalité à exprimer, si évidente soit-elle, peut être prise par bien des côtés, et vous devez choisir. Vous devez choisir, tout en sentant que vous ne pouvez pas si vous voulez être fidèle à ce qu'il est pour vous important de représenter. Là est le hic : si on s'efforce de rendre vraiment justice à la réalité, on prend rapidement conscience de la nécessité d'y réfléchir à deux fois.

Imaginez que vous allez faire le récit d'un rendez-vous avec votre père. Rendez-vous important, qui a dérapé dès les premières minutes parce que vous êtes arrivé(e) en retard. Vous entrez dans la salle du restaurant où vous êtes attendu(e) ; à votre approche, votre père jette ostensiblement sur sa montre un regard exaspéré pour signifier que, décidément, votre ponctualité laisse à désirer. Vous vous souvenez avoir répondu quelque chose comme : « Désolé, j'ai eu un pépin avec la voiture. »

À présent que vous repassez dans votre tête le film des événements pour le mettre par écrit, vous voyez cette réplique d'un œil plus distancié. Et c'est l'occasion de vous souvenir (ou de vous rendre compte après coup) des autres idées qui vous étaient *aussi* venues à l'esprit, un peu obscurément :

1. « J'ai dû chercher mes clés partout pendant je ne sais pas combien de temps parce que le chien avait joué avec » ;

2. « Tu as le chic pour trouver des endroits où on ne peut pas se garer, je tourne depuis des heures » ;

3. « Tu sais très bien que je suis incapable d'arriver à l'heure » ;

4. « Je vois que tu es toujours aussi obsédé par la peur de perdre ton temps. »

… et ainsi de suite. En cherchant à décrire le plus honnêtement possible ce qui s'est passé, vous vous rappelez avoir eu *en même temps*, mais à des degrés différents de conscience et de formulation, les cinq réactions. Telle est notre complexité, y compris dans les circonstances les plus banales, pour peu qu'on y prête attention. Certes, une seule phrase est sortie de votre bouche ;

cela ne signifie pas qu'elle épuise à elle seule « ce que vous aviez à dire » (pas plus que la case que vous auriez cochée dans un questionnaire). Car l'élan de la conversation a effectué son découpage dans cette matière foisonnante, sous-jacente, que la lenteur de l'écriture permet de rendre manifeste.

L'écriture désamorce les réflexes activés par la dynamique de l'échange. À la sélection automatique se substitue la réflexion sur ce qui était en jeu pour vous à ce moment-là, à savoir un feuilleté de réactions diverses. Aussi, la reprise de la phrase effectivement prononcée, même si vous en avez le souvenir exact, ne sera-t-elle pas nécessairement la meilleure manière d'exprimer « ce que vous aviez à dire ».

> Le choix des mots est un révélateur subtil
> de votre pensée.

Une hésitation vous vient entre les différentes phrases que vous pourriez émettre, et avec elle, la conscience qu'aucune d'elles n'est à même de dire « tout simplement la vérité ». Dès lors, vous avancez peut-être avec moins d'assurance. Plus hésitant, vous êtes funambule, tendant l'orteil, glissant la plante du pied, risquant le transfert sur l'autre jambe. Tous les mouvements qui vous servent à faire contrepoids font partie de votre marche ; ils préservent votre équilibre. Ainsi avancez-vous une phrase, puis une autre, avec précaution.

Écoutons à nouveau le héros de Dostoïevski dans son sous-terrain ; dès les premières pages, il marque des hésitations :

« J'ai menti, plus haut, en disant que j'étais un fonctionnaire méchant. J'ai menti par méchanceté. »[1]

---

1. Fedor Dostoïevski, *op. cit.*, p. 12.

Il revient sur ses propos antérieurs pour en préciser la portée, quitte à avouer un manquement à la vérité. Pourtant, sa première affirmation avait son importance, en indiquant au lecteur quelle image de lui-même il avait d'abord à cœur de lui donner. La rectification ne l'efface pas, elle la complète : cette juxtaposition est un moyen d'exprimer une complexité. Vous aussi avez ici le droit à l'erreur, à la contradiction comme à la redite, à l'approximation.

Vos idées ne sont pas claires ? Qu'à cela ne tienne ! Écrivez-les telles qu'elles sont, pas claires, et vous offrirez ainsi un témoignage exact pour le moment de la situation que vous vivez. Lisons par exemple les premières lignes de *L'Étranger* de Camus :

« Aujourd'hui, maman est morte. Ou peut-être hier, je ne sais pas. J'ai reçu un télégramme de l'asile : "Mère décédée. Enterrement demain. Sentiments distingués." Cela ne veut rien dire. C'était peut-être hier. »[1]

Qu'est-ce que ce charabia ? Ce type ne sait même pas quand sa mère est morte ? En plus il a l'air passablement ahuri, pas capable de lire une date… Mais que voudrait-on ? Qu'il attende d'avoir les idées plus claires avant de parler ? Qu'il se secoue, à la fin, au lieu de divaguer ? Bien entendu, cette réaction de lecteur est possible et, dans son genre, valable – elles le sont toutes ; on se doute qu'un lecteur disposé de la sorte dès les premières phrases aura du mal à poursuivre la lecture de l'ouvrage (voire qu'il le refermera illico, à moins d'avoir été obligé par un prof de français particulièrement sadique à en faire une fiche de lecture pour lundi prochain). Mais l'intérêt de cette entrée en matière, et du style adopté dans tout le livre,

---

1. Albert Camus, *L'Étranger*, Paris, Gallimard, Folio, 1957, p. 9.

n'est évidemment pas là où une telle réaction semble le chercher : il est précisément dans le climat d'incertitude ainsi instauré, dans le vacillement du personnage présenté. Vouloir le « rectifier » au profit d'un discours bien lisse serait une ineptie.

Pensez qu'il en va de même pour votre récit : il peut être chaotique, revenir sur ses pas, hésiter. Ces caractéristiques ne sont pas autre chose que la signature de votre démarche, la trace de votre pensée. Cet ancrage personnel est primordial – et il faut vous persuader qu'à aucun titre il n'empêche une saisie adéquate, signifiante de la réalité. N'allez pas penser qu'il conviendrait de neutraliser votre point de vue pour parvenir à la vision « objective » de ce qui, pour le moment, vous apparaît dans une certaine confusion.

Tout au contraire, installez-vous dans votre perspective singulière, assumez votre point de vue, son caractère partiel et mouvant : c'est plus tard, en vous lisant, que vous en découvrirez la cohérence, et peut-être pas là où vous pensiez l'avoir mise. Ne vous souciez pas pour le moment de savoir « de quoi tout ça peut bien avoir l'air » ; contentez-vous de chercher pas à pas la meilleure mise en mots, sans vous censurer au nom d'une « objectivité » dénuée ici de toute pertinence (si tant est qu'elle en ait quelque part). Ne vous arrêtez pas à votre langage ordinaire ; prenez le risque de toute cette langue française qui est la vôtre, même si vous l'avez un peu oubliée. C'est ainsi, dans toute phrase que vous écrivez, dans la succession de vos phrases, qu'il y a un travail *littéraire* ; un effort qui n'est pas seulement de pure forme (le souci de faire de belles phrases), mais bien aussi de fond (le souci de cerner la réalité).

> Tolérez l'hésitation, elle peut exprimer la richesse de votre point de vue.

Nous nous situons aux antipodes du compte rendu, cette écriture dont l'allure simple et directe est censée garantir le caractère véridique. Sa banalité l'a rendu invisible, mais le compte rendu est une créature étrange ; on le verrait bien faire partie de la famille des personnages d'Italo Calvino : *Le Baron perché*[1], *Le Vicomte pourfendu*[2], *Le Comte rendu*. Le comte rendu est un être plat – à deux dimensions. Décharné, raide, toujours boutonné jusqu'en haut, il est tout sauf un bon vivant. Il fait cliqueter dans tous nos dossiers son squelette d'informations sèches et bien calibrées : qui était là, quels points ont été évoqués, quelles décisions ont été prises, quelles sont les prochaines étapes… Du sérieux, du solide. Et loin de moi l'intention de dénier toute utilité à ce genre de documents ; il faut garder des traces de toutes ces réunions, il faut consolider les données, alimenter les retours d'expérience, bien sûr, bien sûr…

Mais là n'est pas mon propos. Ce qui me chagrine, c'est l'amalgame insidieux, à la longue, entre les rubriques de comptes rendus (les os du Comte rendu) et la réalité de ce qui se passe (la chair dodue, tendue, tordue, fourbue… de nos vies ensemble). Bien sûr, il n'est pas sans intérêt de consigner quelque mémoire de nos gestes. N'oublions pas cependant combien le compte rendu est inapte à « rendre » justement ce qui en était la vraie teneur. D'une réunion, cherche-t-on à retenir qui a dit quoi, à quel moment, en réponse à qui, pendant combien de temps, sur quel ton… ? Pas vraiment. C'est pourtant là que se jouent souvent des choses essentielles : parole d'experte ! J'ai en effet été amenée à intervenir dans des organisations pour y effectuer diverses formes de diagnostics dits « culturels » ; le point de départ en est immanquablement le repérage de ce matériau apparemment insignifiant :

---

1. Italo Calvino, *Le Baron perché*, Seuil, 1996.
2. Italo Calvino, *Le Vicomte pourfendu*, Livre de Poche, 1982.

comment les gens s'adressent-ils les uns aux autres, les portes sont-elles ouvertes ou fermées, qui répond au téléphone en pleine réunion ?, etc. (après, il faut certes être capable de traiter cette information pour la rendre constructive).

Pour rester dans le domaine professionnel, l'essentiel de ce que nous vivons au travail, aussi bien en bonne qu'en mauvaise part, est fait de chair et de sang. Ce sont principalement nos semblables qui nous y mènent la vie dure. Ce qui nous donne des cauchemars n'est pas tant notre fauteuil d'une ergonomie douteuse, que cet acheteur obsédé de procédures par lequel nous devons en passer pour le remplacer ; ce n'est pas tant notre messagerie électronique, que tous ces gens qui mettent le monde entier en copie sans réfléchir ; ce n'est pas tant PowerPoint, que les organisateurs de cette convention infoutus de comprendre que ce logiciel n'a aucun intérêt pour notre présentation ; j'en passe, et des meilleu-res, qui sont votre pain quotidien.

Dès lors, comment espérer résoudre nos difficultés sans nous pencher un tant soit peu là-dessus ? Cette matière relationnelle et humaine, omniprésente, est trop fine pour être captée par les bonnes grosses mailles du discours technocratique. Il y faut plus de délicatesse et de circonspection ; celles justement dont votre approche littéraire vous permet de faire preuve. C'est la traduc-tion de la matière même de votre expérience qui est en jeu, non un exercice purement récréatif, tels ceux qui sont pratiqués dans les ateliers d'écriture[1]. L'Écriture Résolutive ne cherche

---

1. Certes, les ateliers d'écriture sont sans doute aussi divers que les personnes qui les animent, et les exercices qu'on y pratique ont sans doute des visées aussi diverses que les personnes qui y participent. Je me contente ici d'indiquer le caractère très fortement orienté de la démarche de l'Écriture Résolutive : le but affiché est la mise en forme d'une expérience problématique et ce aux fins d'y mettre un terme. Ce qui ne veut pas dire, bien au contraire, qu'il vous soit interdit par ailleurs de vous mettre à écrire avec d'autres objectifs !

pas à vous apprendre à écrire – elle part du principe que vous savez déjà. Elle part du principe que vous possédez déjà tous les instruments de votre évolution : seules vous manquent les indications pour vous en servir sur un mode différent de celui dont vous avez pris l'habitude.

> *Évitez la platitude du compte rendu que cultive le monde professionnel.*

Le but n'est pas non plus de « développer votre créativité », du moins pas au premier chef. Le défi que vous vous lancez ici ne consiste pas à être inventif, original, novateur ou dérangeant ; il consiste à être exact et rigoureux. « Diable, vous dites-vous dans votre for intérieur, voilà bien une austérité fort peu alléchante ! » Je ne le cacherai pas : je suis plutôt de l'école classique, je crois à la fécondité des règles et à la liberté gagnée sur la contrainte ; des années d'enseignement m'ont confortée dans cette conviction. Aussi, est-ce ce chemin que je vous propose : si vous vous pliez à cette discipline de chercher à dire au plus juste, au plus près à la fois les mots et les choses, c'est alors que vous serez créatif, nécessairement. Créatif pour vous, en donnant figure humaine à une vision singulière, unique, et que vous êtes le seul à porter. Non pas créatif pour la galerie en pondant une idée encore plus délirante que celle de votre voisin.

L'Écriture Résolutive n'est pas une démarche de création littéraire gratuite, visant à faire de vous des « écrivains ». Certes, je vous encourage à user de tous les tours que vous jugez nécessaires à l'expression de votre expérience, à la description de votre état et de votre environnement, à l'explication de votre situation. Mais il ne s'agit pas ici de faire valoir votre talent littéraire en tant que tel : on raconte une histoire pour ne pas se raconter d'histoires, et l'écriture est utilisée pour sa vertu clarificatrice, vertu à laquelle on peut donner un autre nom, celui de *fiction*.

Ce terme est généralement associé à la notion de mensonge ; on qualifie de purement fictif ce qui voudrait de façon illégitime se faire passer pour la réalité. Mais est-ce nécessairement pour s'y substituer, pour tromper ? N'est-ce pas plus exactement pour offrir sur elle un autre point de vue ? Revenons un instant à nos classiques :

« Une Grenouille vit un Bœuf
Qui lui sembla de belle taille ;
Elle, qui n'était pas grosse en tout comme un œuf
Envieuse, s'étend, et s'enfle, et se travaille,
Pour égaler l'animal en grosseur,
Disant : "Regardez bien, ma sœur !
Est-ce assez ? dites-moi : n'y suis-je point encore ?
– Nenni. – M'y voici donc ? – Point du tout. – M'y voilà ?
– Vous n'en approchez point." La chétive pécore
S'enfla si bien qu'elle creva. »[1]

Rien de plus fictif que ce récit. Les batraciens ont-ils des lubies ? Sont-ils animés par un sens de la famille qui les pousse à se confier d'abord au sein de la fratrie ? La bestiole peut-elle développer assez de force pour se faire exploser elle-même ? Et l'autre, la frangine, ne pourrait-elle la mettre en garde ? Questions stupides. Questions sans aucune pertinence, on sait bien que tout cela est faux. C'est assez drôle, c'est très bien tourné, mais guère attesté par la science. Pourtant La Fontaine entend bien que son lecteur « y croie » : c'est la condition *sine qua non* pour qu'il porte intérêt à la fable, et trouve grâce à elle un accès

---

1. Jean de La Fontaine, *op. cit.*, « La Grenouille qui se veut faire aussi grosse que le bœuf », p. 63.

à la moralité. C'est que la fiction n'est pas à proprement parler *fausse* ; La Fontaine n'appâte pas le lecteur avec du faux pour l'amener au vrai : il le fait passer d'une forme de vérité à une autre, il laisse son esprit flâner, s'amuser dans cet entre-deux.

Le jeu (le décalage) est le lieu propre de la fiction, et c'est là que je voudrais vous voir vous aventurer, sans craindre de vous écarter de la vérité qui est le but de votre recherche. Il ne s'agit pas pour vous d'inventer en pure fantaisie des histoires de grenouilles, de corbeaux et de renards, de cigales et de fourmis. Mais si le bestiaire que notre culture met à notre disposition pour voir et penser les choses peut vous permettre de représenter le fond, l'armature d'un être ou d'une situation, pourquoi se priver d'y avoir recours ? Le bestiaire, ou autre chose. Pourquoi ne pas faire parler les objets ? Il peut y avoir beaucoup de vérité là-dessous : peut-être que vous vous dites que la photocopieuse voit bien des choses qui vous restent cachées ; peut-être que vous avez envie de vous défouler sur votre crétin d'ordinateur ; peut-être que vous avez parfois l'impression qu'on vous traite comme un meuble… Ces choses, elles pourraient avoir la parole. Alors, s'il vous prend l'envie de faire parler votre fax ou votre réfrigérateur, ne vous gênez pas – et d'autant moins que personne n'est dupe : que diront-ils, sinon « ce que vous avez à dire » ?

L'exercice, loin d'être gratuit, fera apparaître une réalité qui ne trouverait pas autrement sa voie dans le langage. La fiction forge le réel (c'est le sens étymologique du mot) ; c'est-à-dire qu'elle offre à la matière en fusion de notre expérience les moules qui nous permettront, après coup, de nous y retrouver. Sans elle, bien des choses que nous ressentons obscurément, confusément, ne parviendraient jamais à une clarté suffisante pour être comprises, communiquées, modifiées.

> Osez vous risquer dans la fiction pour (re)trouver la réalité.

La dernière main

Vous avez à présent plusieurs feuilles noircies à votre actif – peut-être plus, du reste, que vous ne l'auriez imaginé au départ. Et bizarrement, vous ne savez pas très bien comment vous arrêter – il y a une sorte d'inertie dans cet exercice : quand on a commencé à entrer dans les détails, qu'on a commencé à prendre la mesure de tout « ce qu'il y a à dire », ce n'est pas la matière qui manque. Vous n'allez pourtant pas y passer la journée ! Disons donc un mot, pour conclure, des manières de finir.

Si votre début était façon conte de fées – « Il était une fois... » – peut-être aurez-vous envie d'une fin façon conte de fées : « Ils se marièrent et eurent beaucoup d'enfants. » Ah, les contes de fées... Aujourd'hui, il n'est pas besoin d'aller jusqu'à procréation pour signifier la fin heureuse : leurs lèvres se rapprochent, la caméra se rapproche, « THE END », et le tour est joué. L'amour, enfin, la fin des tribulations et des épreuves – voilà une belle manière d'en finir. Il en est d'autres, très classiques elles aussi, qui font finir l'histoire quand il n'y a plus rien de valable à raconter. « Bouclez-moi cette ordure ! » : ça y est, le policier a alpagué le méchant, nous pouvons dormir sur nos deux oreilles. Ou alors, à l'inverse, le héros s'écroule, « aaarrrggghhhh », mort – et voilà, le combat cesse, faute de combattants, et la narration itou.

Votre histoire à vous peut-elle finir de la sorte ? Vous pouvez bien rêver d'assassiner votre belle-mère, de faire arrêter le DAF, d'épouser Margot de la logistique ; ce rêve (ce projet ?...) peut à juste titre figurer dans votre récit, au titre du *happy end* que vous souhaitez à votre situation problématique actuelle. Néanmoins, le mode d'intervention propre à l'Écriture Résolutive ne permet pas que de tels événements constituent le point final de l'histoire. En effet, la démarche consiste à raconter votre histoire de manière à pouvoir ensuite, grâce à sa relecture et à l'analyse du texte produit, élaborer des hypothèses pertinentes pour comprendre cette position difficile et la faire évoluer. Autrement dit, la fin heureuse va bel et bien se produire ; non *dans* le texte cependant, mais *grâce* au texte.

C'est pourquoi votre récit est dans l'impossibilité de se clore selon les modalités que nous venons d'évoquer. Il finit nécessairement dans un suspens : celui dans lequel vous êtes, et qui constitue précisément la motivation de votre écriture. Le modèle, dès lors, est plutôt celui du feuilleton, de la tranche de vie : on sait que les choses suivront leur cours – même si on ignore lequel – alors que le conteur s'en est détourné.

Retournons un instant à notre fonctionnaire russe, au fond de son sous-sol ; voici comment s'achèvent ses *Carnets* :

« Bientôt nous inventerons un moyen pour naître d'une idée. Mais – ça suffit ; je n'ai plus envie d'écrire, moi, du fond de mon "sous-sol"…

Pourtant, ce n'est pas là que s'achèvent les "carnets" de cet homme paradoxal. C'était plus fort que lui, il a continué. Mais il nous semble, à nous aussi, que c'est ici que l'on peut s'arrêter. »[1]

Une pirouette du texte fait apparaître *in extremis* un narrateur, distinct du personnage principal qui nous a entretenus tout au long de l'ouvrage. Puisqu'il fallait couper court à la logorrhée du bonhomme, Dostoïevski a trouvé ce moyen. Ainsi fait-il entendre que le texte à nous livré pendant toutes ces pages n'est qu'une partie du texte « réellement » existant, sélectionnée de manière arbitraire pour être publiée. Ce narrateur nouveau venu prend prétexte d'une pause imposée au personnage par son caprice (« plus envie »), pour briser là. Vous trouvez le procédé un peu cavalier ? Possible. Mais pourquoi

---

1. Fedor Dostoïevski, *op. cit.*, p. 165.

pas ? Ici comme ailleurs, vous êtes plus libre que vous ne le pensez peut-être. Vous n'êtes soumis à aucun code préétabli ; la fin, comme le reste, vous appartient.

Ne vous censurez pas : toutes les fins sont possibles.

Maintenant, il y a une autre manière de ne pas finir ; c'est de se prendre tellement au jeu de l'expression la plus juste, qu'on a le sentiment de ne jamais atteindre exactement la justesse recherchée. Notre ami Boileau ne nous l'a-t-il pas clairement prescrit ?

« Vingt fois sur le métier remettez votre ouvrage. »[1]

Cet alexandrin a eu son petit succès ; au point même d'avoir connu une certaine inflation, puisqu'on l'entend assez régulièrement mal cité en « Cent fois sur le métier remettez votre ouvrage ». La mise a quintuplé : mazette ! Mais nous ne sommes pas pour autant plus prompts à nous relire et à nous corriger que l'étaient nos aînés du XVIIe siècle. Notre monde a fait de nous des êtres plus enclins à persévérer dans les séries d'abdos que dans le maniement de la plume.

Alors oui, relisez-vous après avoir couché sur le papier votre première version, et n'hésitez pas à la modifier, à l'affiner. Mais NE FAITES PAS DISPARAÎTRE CETTE PREMIÈRE VERSION ! Contentez-vous de la raturer ou de la mettre de côté (elle pourrait resservir). Cependant, n'allez pas vous y perdre ; le risque, à trop de perfectionnisme, est de vous noyer dans les questions de forme et de finir par lâcher l'ancrage qui vous maintient en contact avec votre spontanéité, avec la saisie intuitive de votre expérience. Il y a un équilibre à trou-

---

1. Nicolas Boileau, *op. cit.*

ver, dans la mise en mots, entre l'impulsion première et le raffinement après coup ; je vous signale l'écueil, mais c'est vous qui êtes à la barre.

Néanmoins, vous ne remettrez sans doute pas vingt fois votre ouvrage sur le métier : car vous n'aurez pas le temps ! Prenez comme un allié le délai que vous vous êtes fixé : puisque vous vous étiez donné jusqu'à midi, efforcez-vous de mettre à profit ce moment. Quitte à risquer l'inachèvement. Que le temps limité ne vous soit pas un facteur de stress, transformant la contrainte en un monstre dévorant : il faut finir à tout prix, faire n'importe quoi mais dans les temps, vite, vite – je les vois suer et souffler sous cette pression, mes étudiants, au détriment de leur intelligence. Ici, il n'est rien que vous dussiez *faire à tout prix* ; il vaut mieux risquer de ne pas finir que risquer de donner de « ce que vous avez à dire », au nom de la rapidité, une version simplifiée, asséchée.

Que le temps limité limite votre ambition perfectionniste et votre éventuelle tendance au coupage de cheveux en quatre ; qu'il impose des bornes à vos envies de parler « aussi de ça », et « aussi de ça ». Mais ne soyez pas trop intransigeant : s'il vous faut encore un petit quart d'heure pour finir proprement (c'est-à-dire comme vous sentez devoir le faire), pourquoi vous le refuser ?

Ainsi avez-vous accompli la première phase du travail : vous disposez à présent d'un ensemble de documents (des feuilles couvertes de votre écriture, dépositaires de toute la compréhension que vous avez, y compris à votre insu, de votre situation). La deuxième phase consiste à les traiter.

> Ne soyez pas plus royaliste que le roi :
> sachez vous arrêter.

S'écrire

Les conditions matérielles
- Se dégager un créneau horaire suffisant
  - Prévoir entre une à deux heures
  - Se donner la possibilité de travailler en continu
- Se mettre dans les conditions adéquates de tranquillité
  - Se déclarer indisponible
  - Éteindre son portable
  - S'isoler
- Prévoir les ustensiles adéquats
  - Se munir d'une bonne quantité de papier (pour ne pas être arrêté dans son élan par un souci matériel)
  - Se faire assister de son plus fidèle stylo (votre stylo est votre greffier ; il ne doit pas vous trahir ni vous fatiguer)

Les consignes d'écriture
- Écrire lisiblement
- Raturer, mais pas effacer

Les grandes étapes
- Formuler en une phrase la présente difficulté ainsi que la (les) solution(s) actuellement envisagée(s) ; mettre la feuille de côté
- Jeter ses idées sur le papier
- Éventuellement, faire un plan pour les organiser
- Laisser courir la plume…
- … en rectifiant si besoin sa trajectoire à l'aide du plan
- Reparcourir régulièrement le déjà-écrit, et le modifier à volonté
- Relire l'ensemble pour d'ultimes rectifications, sans céder à la rage de l'autocorrection

Chapitre II

La patience de se lire

Préliminaires

L'écriveur est mort, vive le lecteur !

Voilà, le sort en est jeté, l'histoire est à présent écrite. Quel qu'en soit votre sentiment, satisfaction ou insatisfaction, le texte existe désormais tel qu'il est. Pourtant les feuilles sont là, à portée de main, et comme à portée de regret : en fait, là, en haut à droite, ce n'est pas exactement ce que vous vouliez dire, et vous voudriez bien faire une petite correction, juste une petite dernière… Mais, cher ami, n'aviez-vous pas *terminé* ? La question est d'importance. Si c'est non, alors soit, faites autant de corrections que vous le souhaitez, jusqu'à ce que votre littéraire et louable soif de précision soit étanchée. Mais si c'est oui, si vous avez décidé que vous aviez fini, eh bien respectez votre décision et, de grâce, ne changez rien !

Ce point est capital : dès lors que vous lâchez la plume, vous n'êtes plus écriveur, et il ne vous appartient plus de modifier cette histoire dorénavant déposée. Dans ce deuxième moment du parcours, il s'agit pour vous de lire et non plus d'écrire. Non pas de vous « relire », comme on dit pour désigner cet appendice qui se développe uniquement en contrepoint de l'écriture.

Vous n'allez pas survoler votre texte à la seule fin de vérifier que « c'est bon » – tâche, on le sait, qui peut être accomplie avec une attention flottante uniquement focalisée sur la forme et peu à l'écoute du fond. Votre lecture, tout au contraire, sera dévouée, pleine et entière pour rendre justice à tout ce que vous avez mis dans l'écriture. Une vraie lecture donc, procurée par un vrai lecteur. Ce qui suppose votre mutation – d'écriveur en expert lecteur.

Pour opérer cette mutation, une seule recette : le temps. Laissez passer du temps entre la fin de l'écriture et la lecture ; deux ou trois semaines feront bonne mesure pour prendre le recul nécessaire. Ce que vous avez écrit, pourquoi vous l'avez écrit, comment… : autant de questions que ce laps de temps désactive, afin de faire de vous un lecteur à l'œil neuf – autant que possible, car évidemment, vous n'oubliez jamais tout à fait. Il faut mettre entre ces deux moments assez de distance pour vous empêcher de céder à la tentation de la réécriture, assez pour faire sentir que toute modification serait non une amélioration, mais une sorte de falsification.

Ainsi, ayez à l'égard de votre texte le plus grand respect. Quel qu'il soit – ratatiné, difforme, incomplet –, il mérite ce respect en tant que trace d'une réflexion sur laquelle vous n'avez plus aucun droit ; non gravée dans le marbre, mais livrée au papier sous une forme qui, pour imparfaite qu'elle vous apparaisse, a sa cohérence et sa richesse propres – sa signification.

C'est cette signification qu'il convient à présent de mettre en lumière, de construire dans la lecture. J'insiste : de construire, et non de retrouver. L'analyse de l'histoire que vous avez écrite suppose non que vous tentiez de vous souvenir de ce que vous *vouliez* dire, mais qu'au contraire vous vous efforciez de l'oublier, afin d'être pleinement sensible à ce qu'effectivement vous *avez dit*. Tel est l'effet visé par l'amnésie partielle à laquelle je vous demande de céder ; ne pas chercher à revenir en arrière pour vous remettre dans la position de l'écriveur d'il y a trois semaines, mais plutôt assumer celle du lecteur d'aujourd'hui. Il est impossible de remonter le temps : cet homme (cette femme) qui écrivait, vous ne l'êtes plus ; cet écriveur a disparu, ne laissant que sa trace sous forme écrite. Désormais, ce n'est plus à lui qu'il faut adresser la question « Mais qu'est-ce que tu voulais dire ? » ; c'est au texte, qui témoigne de cette intention.

Tout(e) enseignant(e) de littérature a été au moins une fois confronté(e) à cette question d'élève : « Mais en fait, Baudelaire, il a vraiment voulu dire tout ça ? » Ça serait tellement plus simple, pensent les chères têtes blondes, si le gaillard nous avait dit une fois pour toutes : « Chers lecteurs des temps présents et futurs, soyez informés que « L'Invitation au voyage »[1] contient les 27 messages détaillés ci-après, et que tout commentaire qui excéderait lesdits messages serait par la présente frappé de non-conformité et devrait par là même être réputé faux. » Imaginez que tout texte soit systématiquement assorti d'un autre qui en indiquerait le « véritable sens » labellisé par l'auteur lui-même... Bien des élèves et des étudiants n'attendent que ça, sans voir, les malheureux, que leur travail, loin d'en être allégé, consisterait à chaque fois à analyser *aussi* le double méthodologique, en plus du texte proprement dit...

Ce petit détour par les bancs de l'école montre que l'auteur en tant que tel ne détient pas la clé de ce qu'il a écrit : s'il se prononce, il ne fait que livrer une lecture, celle d'un lecteur un peu particulier certes (autorisé), mais d'un lecteur parmi les autres. Vous êtes dans la même situation : en analysant votre histoire, vous en êtes le lecteur, et vous y découvrez sans doute des choses *que vous ne pensiez pas y avoir mises*, tout comme le professeur trouve dans le poème des choses dont ses élèves sont

---

1. Charles Baudelaire, *Les Fleurs du mal*, « L'Invitation au voyage », J'ai Lu, 2004.

« sûr, j'te jure » (ah, l'assurance des mômes d'aujourd'hui…) que Baudelaire n'y avait pas pensé. Ainsi, *retourner* à ce que l'auteur voulait dire est à la fois impossible (l'auteur devient extérieur à l'écrit dès qu'il est achevé), et pas vraiment efficace : c'est en lisant l'histoire comme si elle avait été écrite par un autre que vous lui accordez le plus de crédit, que vous êtes à même d'y trouver une richesse qui y figure sans que vous l'ayez fait exprès.

C'est bien précisément l'objet de notre quête, le trésor à déterrer : ce que nous faisons à notre insu, ce que nous disons en croyant dire autre chose, ce qui échappe à notre regard mais pas toujours à celui des autres (qui parfois nous le renvoient douloureusement à la figure). Là gît bien souvent la substance même de nos difficultés relationnelles, au travail et ailleurs : malgré ce que voudraient nous faire croire certains conseils en communication[1], la plupart de nos effets nous échappent. Les résultats décisifs que nous croyons avoir obtenus par le biais de tel choix de mot particulièrement judicieux, de telle tenue vestimentaire particulièrement audacieuse, de telle stratégie particulièrement ambitieuse…, ne sont souvent que le produit de causes que nous avions à peine aperçues et en aucun cas contrôlées. Tout au plus y avons-nous contribué.

Quelque chose a eu lieu, en deçà ou en delà de vos intentions. Dès lors, ne vous embarrassez pas de celles que vous aviez eues dans votre rôle d'écriveur ; laissez tomber ce que vous vouliez dire au profit de ce que vous avez dit, matière tangible, solide sous votre regard de lecteur.

> Lâchez le rôle d'écriveur pour assumer pleinement celui de lecteur.

---

1. Dont la devise pourrait être la célèbre formule dont on attribue la paternité à Cocteau et à Talleyrand : « *Ces événements nous dépassent, feignons d'en être les instigateurs.* »

Lecteur de soi : un vrai défi

Se lire soi-même est une position vraiment insolite. Personne ne fait ça. Il arrive certes qu'on se « relise » ; mais nous l'avons vu, cette relecture est plus une écriture d'appoint qu'une lecture à proprement parler. Du reste, combien de fois entend-on : « Oh, moi, j'ai horreur de me relire ! » (ou, sous des formes atténuées dont la politesse ne trompe personne : « Je n'ai pas le temps de me relire », ou encore : « J'ai une assistante pour me relire ») ; qui ne comprend immédiatement cette répulsion ?

À peine mise sur le papier, nous n'avons de cesse de renvoyer notre pensée hors de notre vue. C'est que nous sommes à nous-mêmes de redoutables censeurs – un censeur aussi puissant que la somme de tous les censeurs qui, depuis toujours, ont regardé nos productions en tous genres d'un air plus ou moins convaincu…

Aussi, n'êtes-vous à même de vous lire qu'en réduisant au silence ce juge de l'intérieur. Votre lecture n'est pas une correction (ni une rectification ni une raclée). Le rôle que vous endossez n'est pas celui du professeur penché, le sourcil froncé, sur son paquet de copies ; c'est plutôt celui du vacancier prenant plaisir, un verre à la main, au polar qu'il a enfin le temps d'ouvrir. Faites cette expérience de poser sur votre prose un regard clément, ironique peut-être (on ne se refait pas) mais sincèrement curieux. Là est la clé : dites-vous qu'en réalité, vous ne savez pas ce qu'il y a là-dedans, que vous avancez vers une découverte.

L'intérêt *a priori* que je vous demande de porter à ce que vous avez écrit est l'une des dimensions qui distingue l'Écriture Résolutive de ce qui se fait dans les ateliers d'écriture. La démarche de ces derniers met plutôt l'accent sur un processus de création qu'il s'agit de désentraver, et n'exige pas dans cette perspective de face-à-face, après la production, entre l'écrivain et son texte, dont le destin sera plutôt d'être lu par d'autres. En Écriture Résolutive, la consigne est de ne pas vous détourner de votre bébé, car vous allez vous retrouver dans ses yeux...[1]

L'idée est de vous permettre de découvrir, dans cet objet qui sort de vous, des visages de vous-même qui incontestablement vous appartiennent, qu'incontestablement vous présentez à autrui (qui pourrait le confirmer), et qu'incontestablement... vous ignorez. Des images de vous en situation, puisque vous vous plongez dans une histoire, dont vous êtes peut-être le personnage principal mais en aucun cas le thème unique.

> Ayez la force d'être un lecteur indulgent et curieux de votre propre écrit.

Les manœuvres d'approche

Approchons-nous de l'objet du délit ! Vous avez ressorti vos feuilles de leur tiroir et... y'a plus qu'à ! Pour commencer, une lecture d'ensemble, cursive et souple sans s'inquiéter de rien ; juste histoire de prendre connaissance du dossier. Tranquillement, sans prendre aucune note : que votre application ne vous précipite pas trop vite dans la posture de l'expert-décorticateur. Ce n'est pas un détail : il est très important, avant toute chose, d'acquérir sur le texte une vision d'ensemble. Quelles que soient les trouvailles ultérieures, elles n'auront de sens que rapportées à cette première impression globale. Une fois cette lecture effectuée, si cette première approche rapide éveille en vous des commentaires, il est bon de les noter. Qu'ils se

---

1. Et même si vous avez choisi de confier l'analyse de votre récit à une tierce personne, elle aura pour mission de vous le faire regarder en face, et de vous réconcilier, si besoin est, avec ce qu'il a de fructueux, lors de la séance où il vous restituera les résultats de son analyse.

trouvent par la suite confirmés ou infirmés, ils pourront servir de point de départ à votre analyse.

Ensuite, examinez les choses de plus près. À commencer par leur aspect matériel. Sans vous lancer dans des considérations graphologiques hasardeuses, il y a dans une page manuscrite des éléments – les caractéristiques du trait (vif, hésitant, appuyé…), l'utilisation de l'espace de la page (les marges et leur évolution, écriture aérée ou serrée, interligne, tendance à faire des paragraphes…) – susceptibles de fournir des indications sur l'écriveur et ses dispositions : donnent-ils une impression d'énergie ? de nervosité ? de contrôle ? de fantaisie ? À vous d'y mettre des mots. J'admets cependant qu'il est difficile de porter sur ses propres spécificités graphologiques le regard d'un étranger. Aussi, ne vous attarderez-vous pas plus que de raison sur cette dimension de votre écrit.

À la frontière entre la disposition graphique et le contenu littéraire, arrêtez-vous un instant sur la ponctuation. Est-elle neutre, invisible, discrètement cantonnée à sa fonction d'organisation de la phrase, ou bien est-elle exubérante, visible, bizarre ? Il peut sauter à vos yeux de lecteur que ces pages sont par exemple truffées de parenthèses ; ou pleines de points de suspension ; ou bourrées de points d'exclamation… que sais-je ?

Voici un exemple. Admettons que dans une seule et même page, vous repériez les phrases suivantes :

– « *Je me suis souvenu de ce qu'il m'avait dit (je l'avais noté à l'époque) lors de notre première rencontre…* »

– « *Je ne savais pas exactement ce qui s'était passé ce jour-là (et d'ailleurs, je me demandais pourquoi personne ne m'en parlait), et c'était handicapant…* »

La récurrence des parenthèses crève ici les yeux à cause de la sélection, mais elle est également frappante en contexte, pour peu que vous dirigiez spécialement votre attention vers la ponctuation. Vous n'avez pas pour le moment toutes les cartes en main pour lui donner un sens exact (souci de la précision ? tendance à faire des commentaires en aparté ? mouvement pour tout dire en même temps, avec difficulté pour hiérarchiser les choses ?...) ; mais mise en relation avec d'autres éléments que vous découvrez au fur et à mesure, cette caractéristique peut prendre toute sa signification et conforter une interprétation plus globale.

Ainsi, au bout d'un moment, avez-vous collecté quelques remarques sur la disposition du texte et sa ponctuation ; jalons modestes mais sûrs pour guider votre analyse. Mais gardez-vous d'en tirer dès à présent des conclusions hâtives : attendez d'avoir plus de matière, et voyez apparaître des résonances entre ces premières ébauches de commentaire et les autres éléments qui se révèlent progressivement. La précipitation est ici un piège majeur : ne négligez pas vos premières impressions, mais ne les rendez pas trop vite définitives.

> Commencez par examiner la disposition graphique et la ponctuation du texte.

Les gestes de l'analyse

L'écoute du texte

Grâce à cette approche d'abord très concrète, vous avez commencé à vous familiariser avec votre objet, à prendre la mesure de ce territoire. Le texte est un continent inconnu, un monde à découvrir – celui qui a été « inventé » lors du premier moment du parcours. À l'instar de l'explorateur entrant en contact avec un univers culturel exotique, vous en avez une compréhension d'autant plus fine que vous êtes capable de vous étonner de tout, et notamment des aspects les plus fondamentaux de la vie de « ces gens-là » : leur habillement, la forme de leur maison, leur façon de s'adresser la parole, leur emploi du temps…

Tel est aussi le monde que vous ouvre le texte : insolite. Avec un climat, des paysages, des personnages, des codes dont les caractéristiques sont à explorer. Pour mener à bien votre exploration, vous disposez de clés, qui sont autant d'angles de vue que vous allez adopter pour déchiffrer le texte et l'univers qu'il présente. Vous en disposez, parce que vous les avez déjà maniées : les questions que vous posez maintenant à votre récit sont les mêmes que celles qui vous étaient venues à l'esprit lorsque vous étiez écriveur ; présentation du héros, évocation de son entourage relationnel, description des lieux de l'action, tels sont les axes de votre lecture.

Y a-t-il un ordre contraignant pour aborder ces différents aspects ? Non. C'est le texte lui-même qui vous dicte l'ordre de ses priorités : ne perdez pas de vue que la première qualité dont vous devez faire preuve en tant que lecteur-analyste, c'est la disponibilité, l'ouverture d'esprit. Dans ce sens, vous pouvez vous dire que cette « explication de texte »[1], plus qu'à l'exercice scolaire dont vous avez un souvenir plus ou moins réjoui, renvoie à l'une des prescriptions majeures (et à juste titre, me

---

1. Tout comme « faire de la sémantique », « faire une explication de texte » est une expression qui, en sortant de son domaine technique d'origine (l'analyse littéraire, voire la pédagogie), a fait dans le langage courant une bien malheureuse carrière. Au lieu de désigner un exercice critique et ludique de la curiosité dans le droit fil des valeurs de l'humanisme, elle fait plutôt référence à quelque attitude sourcilleuse et maniaque, à un épluchage stérile. Lorsqu'un journaliste dans un débat (par exemple) déclare : « Il faudrait ici faire une explication de texte », ou : « On ne va pas ici se lancer dans une explication de texte », il semble évoquer une sorte de pratique malséante qu'il faut mentionner quand on veut faire rigoureux, mais à laquelle il serait du plus mauvais goût de se livrer en public. Quelle tristesse…

semble-t-il) du discours psychologique et managérial actuel : la nécessité de l'écoute.

L'explication de texte n'est guère que la transposition face à une parole écrite de cet impératif si essentiel dans l'échange oral. Prêtons donc une oreille – un œil – attentive à ce que cet écrit cherche à nous dire ; cessons d'anticiper comme si nous savions déjà de quoi il retourne. Ne nous hâtons pas de l'étouffer sous des interprétations préexistantes, dans des grilles préconçues. Écoutons d'abord. Exemple :

« L'autre jour, Gérard m'a demandé de venir dans son bureau. Gérard, c'est le responsable Achats avec lequel je bosse le plus depuis un an. Et justement, j'aurais dû me dire que quelque chose de bizarre se passait, parce que d'habitude on se parle directement, à la volée, sans chichi, pas besoin d'une porte fermée, tout le monde sait ce qu'il a à me dire de toute façon. Donc, c'était il y a deux mois, et je me suis assis en face de lui. Il n'avait pas l'air très à l'aise dans ce bureau. Normal, il n'y est presque jamais, ce n'est en fait pas réellement son bureau... »

Face à un tel début de récit, laissez-vous aller, et voyez quels fils se distinguent d'abord dans cette trame. Manifestement, ici, le lieu joue un rôle particulier : ouvert ou fermé, plus ou moins solennel, plus ou moins associé à l'activité opérationnelle quotidienne ou à une position institutionnelle et hiérarchique – à coup sûr une piste à suivre dans l'ensemble du document ; une piste qui pourrait être la première dans ce cas précis. Mais pas toujours. Autre exemple :

« Je suis convaincue que dans un couple, il y a des choses à ne pas faire. À vrai dire, encore aujourd'hui, je ne suis pas bien sûre des choses qu'il y aurait à faire ; mais les trucs à éviter, ça, oui. J'en suis quand même à mon troisième mariage, et j'ai eu l'occasion de réfléchir... »

Il est bien évident que, là, on aurait du mal à prendre appui sur la thématique du lieu pour faire parler le texte. Non qu'elle soit absente ou sans intérêt – il est trop tôt pour statuer puisque nous n'avons pas tout examiné. Mais on pourrait plutôt commencer par s'intéresser à l'engagement de l'écriveur : assez abstraite, la tonalité témoigne d'un souci de rationalité ; l'écriveur se cache derrière un propos impersonnel, général, globalisant. Là aussi, à suivre… Pour entrer dans le texte, vous avez donc plusieurs clés ; elles vous serviront toutes, mais c'est le récit lui-même qui décide dans quel ordre.

> *Pour dégager des pistes d'analyse,*
> *suivez les suggestions du texte.*

La suivante de vos questions ne devrait pas tarder : « Et comment fait-on pour repérer un aspect significatif du texte ? » Eh bien, comme vous faites d'habitude en lisant votre journal, pardi ! La seule différence, c'est le côté méthodique de la démarche, faite d'approches successives, multiples, partielles, qui au bout du compte vous fourniront une analyse complète du document considéré.

Reprenons notre premier exemple. Nous y avons repéré l'importance des lieux où l'action se déroule, alertés par des indices assez nets. La première phrase ne nous donne pas les moyens de discriminer ce thème, qui est pourtant explicitement signalé quelques lignes plus bas. Puis, lorsque nous lisons «... d'habitude on se parle directement, à la volée, sans chichi, pas besoin d'une porte fermée… », un fil commence à se faire jour : la mention de la « porte fermée » nous renvoie à la toute première notation de lieu (« venir dans son bureau »), et l'on comprend toutes les connotations qui s'attachent à cet endroit. « Bureau » signifie dès lors lieu séparé (« porte fermée »), relation affectée contraire à la coutume (« d'habitude »), coupure d'avec le monde opérationnel (« on se parle directement », « tout le monde sait »…). C'est par ce biais que sont posées les relations entre les collaborateurs.

Aussi, ce début nous rendra-t-il vigilants face à toute notation concernant les oppositions dedans/dehors, ouvert/fermé, en haut/en bas, parce qu'il y a de fortes chances qu'elles servent l'expression des rapports de travail dans ce récit. Afin de prendre toute la mesure de ce filon, la lecture méthodique consistera donc à faire une lecture de tout le texte *uniquement* sous cet angle-là.

Puis on changera d'angle, en reprenant les données initiales : « L'autre jour, Gérard m'a demandé de venir dans son bureau. Gérard, c'est le responsable Achats avec lequel je bosse le plus depuis un an. » Cette histoire de bureau a lieu entre l'écriveur et un certain « Gérard » : ce personnage sera-t-il son protagoniste privilégié au cours du récit ? Et dans quel rôle ? Celui du collègue jaloux ? Du n + 1 efficace ? Du traître ? Nous suivons notre deuxième piste : celle des relations qui se nouent entre le « héros » et les « autres ». Examinons d'abord comment les choses se passent avec ce Gérard (lui a un bureau, même s'il n'est pas vraiment à lui – qu'en est-il de l'écriveur ; est-il un « responsable » parmi d'autres ? Une collaboration d'un an est-elle exceptionnelle ?). Cela nous permettra ensuite de mesurer l'éventuelle spécificité de cette relation par rapport aux autres mentionnées dans le récit.

Les différents fils du récit étant tissés ensemble, nous n'avez qu'à saisir une connexion pour passer d'un fil à l'autre – l'important étant alors de suivre chaque nouveau fil jusqu'au bout, afin de collecter le maximum de données sur chaque dimension du récit. Vous le voyez, cette agglomération progressive des informations ne répond à aucun plan tracé par avance : il est dicté par le récit lui-même, et varie donc infiniment en fonction de lui. C'est un gage de pertinence pour l'analyse, qui ne sera pas le reflet d'un schéma passe-partout, un vague prêt-à-penser, mais bel et bien du sur-mesure, adapté à *ce* texte.

> Réexaminez plusieurs fois le récit, sous tous les angles qui paraissent saillants.

Le respect de la cohérence

Ce qui attire votre attention de lecteur, ce sont les événements proposés par le texte ; ce qui provoque soit un effet de surprise (un mot, une tournure, un thème inattendus), soit un effet d'écho (du déjà-lu, quelque chose qui éveille un souvenir).

Dans le premier cas, c'est une attente initiale qui est choquée ; comme si nous rencontrions l'expression « nouvelles technologies de l'information et de la communication » dans un roman de Jules Verne. Le choc serait suffisant pour nous faire douter de l'authenticité du volume que nous aurions entre les mains ! Ce serait anachronique mais, à la limite, pourquoi pas ? Jules Verne ne fut-il pas en bien des choses visionnaire ? La lecture d'un mot obscène dans un rapport de la Cour des comptes, quoique possible, elle, ferait presque davantage sursauter. Or, face à notre récit d'Écriture Résolutive, l'attente initiale est assez peu précise : tout vocabulaire est permis, toute formule, tout sujet. Ce qui réduit fortement la production d'événements par effet de surprise – du moins au début.

C'est surtout l'effet d'écho qui va jouer, comme on l'a vu dans notre premier exemple. La première occurrence du terme « bureau » n'attire pas particulièrement l'attention. La mention ultérieure de la porte y renvoie ensuite discrètement, jusqu'à ce que la deuxième occurrence du terme confirme que nous avons affaire à une sorte de point de fixation pour l'écriveur. Ainsi, l'effet d'écho se déclenche aussi bien par la répétition d'un mot que par l'emploi de termes qui lui sont naturellement associés dans notre expérience commune du monde. Une fois dégagée cette thématique, toute utilisation par l'écriveur d'expressions touchant à l'architecture, à l'attribution des locaux, à la mise en espace des relations, entrera désormais dans une ligne de réflexion bien identifiée.

Les multiples lignes que vous dégagez à la faveur de vos lectures dessinent progressivement une certaine représentation des choses. Et quand elle vous apparaîtra assez clairement, le texte pourra alors vous procurer des effets de surprise, correspondant à ce qui serait non pas étonnant en soi, mais étonnant dans le cadre de référence tracé par cette trame. Un message est frappant non en lui-même, mais par opposition au contexte dans lequel il prend place. Comme chacun sait, le chien, inaperçu dans une chasse à courre, se fera remarquer dans un jeu de quille ; et l'éléphant, presque banal sur la piste d'un cirque, fait un tout autre effet dans un magasin de porcelaine.

> Repérez les échos dans le texte : ils expriment ses grandes thématiques.

La démarche est donc à la fois méthodique et brouillonne. Méthodique dans l'assiduité à suivre chaque piste, dans la prise en compte de chaque détail, dans la détection des liens entre les éléments relevés. Brouillonne dans le va-et-vient incessant entre les différentes lignes de réflexion, dans l'inachèvement de la rédaction, dans la révision toujours possible de l'importance relative des trouvailles. Tant que le récit n'a pas été dûment quadrillé selon toutes ses dimensions principales, rien de ce que vous avez analysé n'est à considérer comme définitif. En effet, il faut du temps pour voir et sentir les caractéristiques d'un récit. Ce qui paraissait frappant au premier abord ne le sera peut-être plus tout à l'heure, ce qui se présentait comme central dans la vision du monde de l'écriveur pourra s'avérer n'être qu'un aspect secondaire d'une tendance plus lourde : une fixation sur le temps et la ponctualité peut n'être qu'un aspect d'un manque général de confiance, ou d'un souci de contrôler autrui ; le sexisme peut n'être que le masque d'une résistance au changement ; ou le goût de l'analyse, qu'un sous-produit d'un attachement au passé ; etc. Hiérarchie entre les thèmes qui ne peut être mise en place qu'au fil de lectures successives, patientes.

Il serait donc tout à fait contre-productif de vouloir trop rapidement « boucler » un point après l'autre, dans la mesure où le bouclage effectif de l'un dépend souvent de la mise en place des autres. D'où l'impression que vous avez peut-être de partir dans tous les sens. Eh bien, dites-vous que c'est le passage obligé de toute analyse sérieuse, attentive, pour tout dire intelligente d'un texte. L'alternative : imposer mécaniquement des grilles, et courir le risque (hautement probable) de ne retrouver dans le document que ce qu'on y a mis, parce qu'il ne fera que répondre à des questions préétablies, pas nécessairement adaptées à ce qu'il a de spécifique.

J'en profite, puisque j'ai parlé d'application mécanique, pour faire un sort au fantasme de l'analyse automatisée (c'est-à-dire informatisée) des textes. Pour moi, je le dis tout net du haut de mes vingt ans de métier et de mon amour pour la langue française, ça ne vaut pas tripette. « COMMENT ? ? ?, vous écrieriez-vous offusqué par une si leste condamnation. Mais vous avez bien dit qu'il s'agissait de repérer des constantes, des répétitions, non ? Alors pourquoi s'emm… ? Un bon diction-naire et un brave petit logiciel… et l'affaire est dans le sac, non ? » En fait, tout dépend de l'objectif poursuivi. Si vous êtes Big Brother et que vous voulez passer des kilomètres de discours à la moulinette pour ficher ceux où vous rencontrerez « Intégriste », « Attentat » ou « Bombe », voire les trois –, alors oui, vive l'informatique !

Mais ici, notre dessein est bien plus subtil, voyez-vous. « Texte » en latin veut dire tissu. Si on veut comprendre un tant soit peu ce qui s'y passe, il faut prendre en considération les croisements, les recroisements, les entrecroisements de fils ; en d'autres termes, tout élément d'un texte est pris dans un ensemble d'éléments qui lui donnent son sens, et en dehors duquel il reste vide. Que fera Big Brother, dans ses fichiers, du type tout excité qui aura dit : « Cette fille est une vraie *bombe* ! C'est un *attentat* à la pudeur ! À faire fauter le pire des *intégristes* ! »…

Le contexte dans lequel les mots apparaissent est primordial. Idem pour le repérage automatique (qu'il soit opéré par un esprit humain ou machiné par une machine) de la fréquence des termes. D'abord parce que l'implicite ou le non-dit peuvent gouverner un propos beaucoup plus puissamment qu'une quelconque répétition dictée par la maladresse ou le manque d'imagination. Ensuite parce que, encore une fois, un mot a du sens dans une phrase. Comparons les deux passages suivants :

1. *« Moi, ce en quoi je crois, la France que je veux, c'est une France dont je peux être fière. Et je vous promets que je mettrai tout en œuvre au service de ce dessein. »*
2. *« En ce qui me concerne, je crois que c'est une France nouvelle qu'il s'agirait de mettre en chantier. Enfin, je veux dire que nous devons nous retrousser les manches, vous comme moi. En tout cas je pense que c'est nécessaire. À vous de voir si j'ai raison. »*

Dans chacun d'eux, on constate une présence massive du pronom de la première personne du singulier : *je*. Pour autant, donnent-ils à voir la même position du sujet à l'égard de son discours ? D'un côté l'engagement, de l'autre l'hésitation, vous le constatez intuitivement ; d'un côté l'usage de la première personne cherche à ancrer le discours, à lui donner une légitimité, alors que de l'autre il en relativise la portée. D'un côté le propos s'en trouve consolidé, de l'autre précarisé. De part et d'autre pourtant figure le même nombre d'occurrences (6) du pronom personnel de la première personne du singulier. C'est que le *je* de « je promets » ne se pose pas de la même manière que celui de « je pense que ». Et même, une formule comme « je crois », employée dans les deux passages, n'évoque pas du tout la même réalité psychologique dans les deux cas. Pourtant, un décompte mécanique des occurrences les mettrait dans le même sac… Pour comprendre un texte, il faut bel et bien le *lire*, c'est-à-dire se laisser guider pas à pas dans un certain enchevêtrement de significations, et non « computer » machinalement le matériau linguistique qui lui sert de support.

Méthodique et brouillonne, disions-nous de la démarche d'analyse ; d'une méthode qui inclut le brouillon comme une de ses composantes essentielles. Lorsque vous avez effectué ces successives lectures, que vous avez collecté assez de matière, alors il est temps de la mettre en forme. Ou plutôt de l'organiser. Car cette deuxième phase de lecture n'a d'autre but que de servir à la suivante : tirer de ces analyses une nouvelle formulation de vos questions, puis les principes d'une ligne de conduite et les linéaments d'une réponse. Aussi vaut-il mieux que les résultats de cette lecture soient eux-mêmes… lisibles !

Dans ce but, mettez d'abord à plat devant vous les idées auxquelles vous êtes parvenu. Très concrètement, étalez vos feuilles sur votre bureau – ce qui suppose, détail technique non négligeable, que vous ne les ayez noircies que d'un côté, que vous ne soyez pas obligé de choisir entre le recto et le verso. Vous êtes alors en mesure d'établir des liens entre vos différentes pistes de réflexion, de les classer sous de grandes têtes de chapitre, au nombre de trois ou quatre. Le chiffre est indicatif ; mais l'expérience montre que les fils se recoupent, tout simplement parce qu'ils ont été tirés d'un tissu cohérent. Dès lors, vous constatez que les thèmes ne se dispersent pas sur un spectre très large et que de grandes tendances organisatrices se laissent assez facilement cerner.

> Suivez méthodiquement chaque thématique
> et laissez venir les recoupements.

La (re)découverte d'un monde

Afin de ne pas vous aventurer dans le texte complètement à l'aveuglette, gardez à l'esprit que le monde présenté par le récit se laisse aborder comme n'importe quel monde que vous connaissez : il constitue un cadre spatio-temporel défini ; il est peuplé de gens qui y agissent et se situent les uns par rapport aux autres ; il possède son climat, son atmosphère propres. Telles sont les trois dimensions que je vous invite dès lors à considérer pour découvrir l'univers que le texte propose.

Les lieux et les temps

Lieux. N'importe quelle histoire prend place dans un lieu – même si ce lieu est « u-topie », nulle part. Votre récit ne fera pas exception, et c'est une première question que vous pouvez lui poser : dans quels endroits l'action se déroule-t-elle ? Et comment sont-ils décrits ? La question vous paraîtra peut-être un tantinet oiseuse : mes histoires de couple, elles se passent « à la maison », pardi ! ; mes histoires de boulot, elles se passent « au bureau », pardi ! Bien sûr. Mais ces espaces ont leurs singularités, que la routine a peut-être rendues invisibles. Raison pour laquelle il serait intéressant que vous les regardiez d'un œil neuf. L'Écriture Résolutive va vous permettre d'effectuer cet exercice de décentrement, en vous invitant à refaire connaissance avec ces lieux à travers l'image qu'en donne le récit.

« La pile des dossiers à traiter trônait sur le rebord de la fenêtre, le seul endroit où je pouvais les empiler sans les avoir en permanence sous le nez. Je me disais qu'en allant travailler avec Marie-Claude, je ne pourrais sans doute pas me le permettre. Elle, c'est une maniaque de l'ordre... »

On parle ici de travail fait ou pas fait, et d'incompatibilité d'humeur avec une collègue. Cependant, on parle aussi de lieu, de l'habitude physique de s'y nicher, de l'impact psychologique que peut avoir la « délocalisation » d'un poste de travail. On parle d'une certaine façon d'occuper l'espace : tourner le dos à la lumière (la fenêtre), faire du travail que l'on prétend éviter (ne pas avoir les dossiers sous le nez) un rempart protecteur (ils trônent) dont on aurait en fait du mal à se passer.

En d'autres termes, la description des lieux dira toujours quelque chose de la manière dont nous les habitons, dont nous les sollicitons pour y déployer notre action. Y compris, et même peut-être surtout, quand elle n'est pas développée pour elle-même, dans le but explicite de donner des indications spatiales. En suivant à la trace ces discrètes notations, vous voyez apparaître les étranges habitudes de cet étrange animal que vous êtes pour un regard extérieur. Peut-être un animal casanier, que perturbe tout dérangement dans son décor ; ou un animal conquérant, dont l'énergie n'est jamais tant stimulée que par l'invasion du territoire d'autrui ; ou un animal nomade, toujours en transit, incapable de déposer les choses dans un rangement stable ; etc. Ce bestiaire humain est d'une infinie variété.

La simple représentation des lieux familiers dans le récit vous fait aussi prendre conscience de l'influence qu'ils ont ou des significations implicites que vous leur attribuez :

« Je n'en pouvais plus d'avoir sa mère en face de moi, un reproche vivant. Mais si j'essayais de sortir de la maison, c'était une avalanche de questions. Alors j'allais me calmer en faisant un tour aux toilettes, et puis j'en profitais pour aller ensuite me laver longuement les mains, dans la salle de bains à l'autre bout du couloir… »

Les toilettes comme lieu de repli, le couloir comme trajet pour dégager du temps à soi. Une façon de gérer le stress physique d'une cohabitation inévitable, la pesanteur d'une présence importune…

Les lieux ne sont pas seulement signifiants pour les individus qui y projettent leurs affects, ils sont aussi chargés d'une histoire collective, sédimentée au fil du temps par la vie commune de l'organisation. Le récit est alors capable de vous remettre, par exemple, dans la position du nouvel arrivant que vous étiez il y a quelques années, dans votre entreprise. Celle d'un homme ou d'une femme qui n'a pas encore compris que le comportement requis dans le couloir à moquette bleue n'a rien à voir avec celui qui est de mise dans le couloir à moquette grise ; pas compris que c'était un honneur envié de s'être vu attribuer tout de suite un bureau au huitième étage ; pas compris qu'à être vu à la cafèt' au-delà d'une certaine heure, on passait immanquablement pour un tire-au-flanc…

Toutes choses qui relèvent de codes attachés à l'utilisation de l'espace, qui sont souvent tellement implicites qu'on ne pense plus à elles pour expliquer les comportements. En les remettant dans le circuit de la réflexion, l'Écriture Résolutive augmente le nombre des arguments disponibles pour comprendre la question que vous vous posez à travers votre récit.

Enfin, ce récit vaut aussi par ce qu'il ne dit pas. Il se peut en effet que vous constatiez à la lecture l'absence ou la rareté des indications spatiales dans l'histoire racontée. Ce qui signifie non qu'elle se déroule dans une zone de la galaxie dénuée de dimension spatiale, mais que pour une raison ou une autre le récit s'en est privé. Et il sera à coup sûr utile de s'interroger un instant sur ces raisons. Pour l'écriveur, les lieux se ressemblent-ils tous ? Est-ce que l'absence de lieu est un aspect de l'absence des corps (le sien et celui des autres) ? Est-ce qu'il fait exprès d'adopter un point de vue général qui annule la spécificité des lieux ? Cette carence prendra sens en étant associée à d'autres caractéristiques du récit dégagées par l'analyse.

Ainsi inspectez-vous, en bon détective, les lieux du crime, comme susceptibles d'apporter de précieux renseignements sur les drames dont ils furent le théâtre.

> Observez la description des lieux ; ils sont chargés d'histoire, de codes et d'affects.

Temps. L'autre coordonnée indispensable, c'est le temps – mais pas exactement dans le même sens. En effet, l'inscription temporelle du récit ne vous fournira pas le même type d'information. En l'occurrence, c'est le choix d'un certain périmètre chronologique de la part de l'écriveur qui est riche de signification. Alors qu'il n'a pas le choix des lieux de son récit, dans la mesure où son récit traduit des faits réels (tout au plus peut-il les exclure de son champ de description), il peut choisir les couches temporelles qui figureront dans son histoire. La décision lui appartient, de remonter loin ou non dans le passé, de se projeter loin ou non dans l'avenir, de délimiter strictement ou largement ce qui relève, selon lui, du présent.

L'extension chronologique du récit est variable. Elle va théoriquement dans les deux sens, vers l'avant et vers l'arrière. Mais le premier de ces mouvements est de fait plutôt restreint, en raison de la nature même de l'exercice ; il consiste essentiellement en une mise à plat de ce qui est, base fondamentale pour d'éventuels développements ultérieurs. Il ne faudrait pas éluder cette étape de diagnostic pour se précipiter dans des projets de changement sans doute séduisants pour qui veut prendre sa vie en main, mais assurément illusoires pour n'être pas correctement raccordés à la réalité actuelle. L'Écriture Résolutive entend trouver au sein même de l'existant les germes de développements futurs, d'autant plus prometteurs qu'ils seront ancrés dans une réalité éprouvée – nous aurons l'occasion d'approfondir ce point dans le prochain chapitre. Aussi la révision du passé fait-elle intrinsèquement partie de la démarche, puisqu'il est impossible de décrire l'état dans lequel vous vous trouvez sans faire référence au passé, ne serait-ce qu'à un passé très immédiat.

Exemple : « Maintenant ça y est, le divorce est prononcé, je vais enfin pouvoir me poser et m'occuper de moi. »

Ce passage évoque le présent de l'écriveur ; mais si les remarques qu'il fait ont un sens, c'est de se situer par rapport à un état antérieur des choses – ici indiqué très discrètement par l'adverbe « enfin » : cet aujourd'hui fait apparemment suite à une longue file d'hier ; ah, comme il était attendu... Même une seule phrase, il est difficile de l'apprécier sans se rapporter à un système d'explication recourant à des éléments du passé, ce qui revient à les faire surgir dans le récit.

Dès lors, vous voyez mieux ce que j'entendais par « périmètre chronologique ». C'est le cadre temporel à l'intérieur duquel se déploie l'action du récit, la profondeur de champ offerte au lecteur pour comprendre de quoi il retourne. Comme la moindre de nos actions a une histoire, qui recèle ses raisons d'être, le récit est obligé de décrire, autour du point central constitué par la décision d'écrire, tout un environnement fait de causes et d'effets, de choses dites et faites par le passé.

Selon le texte – selon la position adoptée par l'écriveur –, ce décor chronologique sera plus ou moins fourni. Prenons l'exemple d'un chef de projet parachuté à la tête d'une équipe, qui malgré une compétence unanimement reconnue ne parvient pas à asseoir son autorité, et qui se voit reprocher des retards d'exécution en réalité imputables à son prédécesseur. Ici, le périmètre temporel minimal est à peu près celui que je viens de tracer. Dans ce cas de figure, le récit sera axé sur le changement de situation du personnage principal et sur le passé immédiat du projet – l'enjeu, en l'occurrence, étant de démêler les fils relationnels qui sont noués entre les divers protagonistes (au sein de l'équipe, entre l'équipe et son ancien patron, entre l'équipe et son nouveau patron, entre l'ancien et le nouveau patron), du moins tels que le personnage est de sa place en mesure de les percevoir.

Mais le périmètre pourrait être élargi, l'extension dans le temps entraînant d'ailleurs souvent de manière automatique une multiplication des lieux. Ainsi le récit pourrait-il inclure dans son champ d'investigation des facteurs plus lointains, constitutifs de la situation actuelle : l'histoire du chef de projet lui-même (depuis quand il est dans l'entreprise, depuis quand il est chef de projet, ayant établi quel type de rapports avec sa hiérarchie, ayant déjà connu ou pas ce genre de difficulté, situé à un tournant ou pas de sa carrière…) ; l'histoire de l'équipe (son ancienneté, les écueils déjà rencontrés ensemble, déjà mobilisée sur d'autres projets, avec quel succès…) ; l'histoire de la gestion de projet dans l'entreprise (culture projet très développée ou non, engagement plus ou moins ancien et vigoureux en faveur de ce fonctionnement transversal…).

Vous vous direz peut-être qu'à cette allure, il n'y a *a priori* aucune raison de ne pas remonter jusqu'à la création du monde – et vous aurez raison (dans le cas présent, jusqu'à la création de l'entreprise et la naissance des protagonistes). Effectivement, à partir d'un état de fait bien précis et localisé, on pourrait dégager assez de matériau pour une psychanalyse du monde, tant les éléments de l'histoire humaine sont enchevêtrés, interdépendants. Mais modérons nos ambitions ! La plongée dans le passé est forcément limitée par les dimensions pratiques de l'exercice : la première phase de l'Écriture Résolutive – la rédaction – aura demandé une heure ou deux ; pas le temps dès lors, quand bien même vous en auriez le souffle, de rivaliser avec le Mahabharata. Reste qu'à l'intérieur des contraintes de ce cadre, le récit se donnera plus ou moins de latitude pour aller chercher loin en arrière ses arguments.

Cet indicateur fournit au lecteur des informations utiles sur la manière dont l'écriveur segmente et compartimente sa vie. Ce dernier peut prendre appui sur un fort clivage passé/présent (d'où, pour l'analyse, la question de savoir ce qui motive l'installation d'une frontière à tel ou tel moment), ou sur un fort clivage professionnel/privé, etc. La nature de ces clivages renseigne sur les points de repère qui comptent pour lui, sur ses autolimitations plus ou moins conscientes.

Encore une fois, l'analyse fait son miel aussi bien de ce que dit le texte que de ce qu'il ne dit pas : le personnage principal est-il un homme (une femme) sans passé ? Avec un passé personnel, mais pas professionnel ?... Questions appelant des réponses qui, rapprochées des autres résultats de l'analyse, apportent leur contribution à l'intelligence approfondie de la situation représentée dans le récit.

> Regardez si le récit est complexe, s'il remonte loin dans le temps.

Temps et lieux en disent long sur la manière dont l'écriveur conçoit son monde, si l'on considère qu'il projette dans le personnage principal de son récit les présupposés qui structurent sa vision. C'est pourquoi en analysant ce que voit ce personnage, on a des chances de découvrir (je veux dire découvrir) les évidences qui le font agir et qui sont en grande partie responsables de ses blocages et de ses interrogations.

Les gens

Une fois décortiquées les informations procurées par le cadre spatio-temporel du récit, penchez-vous sur les personnages qui y évoluent. À commencer par le premier d'entre eux, le personnage qui articule les événements autour de lui, celui que j'appelais plus haut le personnage principal. Celui qui, dans n'importe quelle fiction dont vous avez l'habitude, est immédiatement identifié comme le « héros ». Étant donné le dispositif de l'Écriture Résolutive, il y a de fortes chances pour que ce héros, ce soit vous, puisqu'il s'agit de raconter ce que *vous* vivez ; et ce, que le récit ait adopté la clé de *je* ou la clé de *il*.

À quoi ressemble ce personnage principal ? Il a un corps, un sexe, un nom, des idées, des habitudes... qui le caractérisent aux yeux du lecteur. Il est bon, par conséquent, de se montrer attentif à toutes ces informations. Ainsi, s'il est décrit physiquement, spécifie-t-on plutôt sa taille, ses proportions, sa figure, sa voix, ou bien sa mise, son allure vestimentaire, le style de ses déplacements... ? On ne peut jamais tout dire ; et c'est pourquoi ce qui est dit est aussi signifiant : le renseignement donné se dresse sur l'absence de tous ceux qu'on ne pense pas à fournir, qu'on estime peu intéressants, qu'on croit peu flatteurs...

Il y a des lumières et des ombres, dont le rapport est révélateur de la manière dont vous vous percevez vous-même. Les traits de cette description sont, selon les cas, nombreux ou rares, précis ou allusifs, développés ou ponctuels. Là encore, toutes les variations sont possibles, et il s'agit avant tout d'être à l'écoute de ce que le texte offre, ou de ce qu'il refuse.

Les remarques faites sur le portrait physique sont évidemment valables pour la dimension morale aussi. « J'ai toujours considéré que les gens devaient se prendre en charge... » ; « Il ne pouvait pas supporter qu'on se passe de son avis quand son domaine d'expertise était concerné... » ; « Je trouvais normal de saluer tout le monde le matin en arrivant... » ; « Elle savait bien qu'elle avait tendance à parler fort, et de manière plus générale à accaparer l'attention, on le lui avait assez dit... » ; etc. Autant de notations susceptibles, collectées progressivement au fil de la lecture, de dessiner les contours d'un personnage, dans lequel vous vous retrouverez plus ou moins.

Constatez également quelles sont les parcelles de votre environnement que vous vous êtes comme annexées, celles que vous considérez presque comme des appendices de votre propre personne : le personnage qui vous représente, qu'a-t-il tendance à s'approprier ? son PC ? son bureau ? son assistante ? son équipe ? sa femme ? ses projets ? Une petite exploration de l'usage fait des pronoms et adjectifs possessifs vous donne des idées pour cerner ce qui éveille en vous un sentiment d'appartenance (« ma maison », « mon site »), ou vous sert à revendiquer un pouvoir (« ma voiture », « mes résultats »). C'est à chaque fois le contexte global et la confrontation avec les autres lignes de l'analyse qui permettent de trancher dans un sens ou un autre ; il n'y a pas de règles préétablies (celles, vous savez, qu'on pourrait automatiser).

Ainsi, le lecteur cerne le personnage d'une manière inaccessible à l'écriveur tout absorbé, lui, par son effort de mise en mots : il voit les lignes de force de son discours et de son comportement, les intentions têtues qui y collent et les présupposés qui s'y affirment. C'est le bénéfice de la position extérieure qui est la sienne – extérieure à un processus d'écriture désormais achevé quand lui intervient. Depuis cet observatoire, le lecteur peut recueillir des informations sur le personnage principal, mais aussi sur les personnages périphériques (j'appelle ainsi les personnages qui forment l'entourage du héros, sans préjuger de leur importance qui, on l'a vu, peut s'avérer considérable).

> La présentation du personnage principal
> (son physique, son caractère, ses paroles, ses habitudes)
> renseigne sur l'écriveur.

Tous ces autres donc, qui tournent autour du héros, pour le meilleur et pour le pire, appliquez-leur le même questionnement qu'au personnage principal : ils sont doublement significatifs. En effet, les faits et gestes, dits et pensées attribués aux personnages périphériques nous informent certes en partie sur les personnes réelles qu'ils représentent ; mais ils renseignent surtout sur la manière dont le personnage central les perçoit.

En d'autres termes, qu'il parle de lui-même (sous la forme du personnage principal) ou des autres (sous la forme des personnages périphériques), l'écriveur parle toujours de lui. Ce sont toujours sa perspective personnelle, ses biais, voire ses obsessions, qui se rendront visibles à travers le matériau que brasse son écriture.

Prenons un exemple extrême : s'il apparaît à la lecture que tous les personnages qui forment l'entourage familial du personnage principal lui en veulent, qu'ils complotent inlassablement contre lui, qu'ils n'ont d'autre but que sa perte, qu'en conclurez-vous ? Que les familles sont décidément haïssables ? Que la perversité est une affaire de génétique ? Plus vraisemblablement, en vertu du détachement et de la lucidité procurés par votre statut de lecteur, votre diagnostic sera que ce personnage principal est affligé de quelques tendances paranoïaques, et qu'il voit le monde autour de lui avec des lunettes qui ne lui facilitent pas la tâche. Étant donné que ce récit se construit *du point de vue de* ce personnage principal (qui tient votre rôle), se pencher sur le portrait des autres consiste à rechercher le portrait qu'il en fait *lui*, et donc à repérer sa manière spécifique de voir les gens.

Cette matière relationnelle étant le terreau de nos difficultés, il est particulièrement intéressant, à propos des personnages périphériques, de repérer non seulement la manière dont ils sont présentés en eux-mêmes, mais aussi les modalités du rapport qu'ils entretiennent avec le héros. De manière générale, face à une entreprise délicate à résoudre, nous faisons un classement binaire des personnes qui nous entourent : s'attend-on à être par elles épaulé ou dégommé ? Ami ou ennemi ? Partenaire ou adversaire ? Ici, on rejoint l'univers du conte ; la mise en scène d'un héros qui doit surmonter une épreuve et qui, chemin faisant, croise sur sa route des personnages adjuvants ou opposants dont l'intervention peut faire tout basculer.

Dans quelle catégorie tel ou tel personnage périphérique est-il rangé ? Un regard attentif aux termes qui sont associés dans le récit fera apparaître nombre de détails qui trahissent de quoi sont faites les relations : de passions et d'intérêts plus ou moins avouables que, de ce fait, vous n'étiez pas nécessairement sûr ou conscient de trouver en vous, avant que l'analyse de votre propre récit ne vous mette sur la voie. Bien entendu, ce manichéisme initial « avec moi/contre moi » n'épuisera pas la question ; les relations décrites dans le récit sont en droit aussi subtiles et changeantes que leurs modèles. Mais justement, il y a de fortes chances qu'à travers le regard du héros, les choses se simplifient, et ce d'une manière propre à sa vision singulière. Tel est le peuple qui s'agite dans votre récit : décrit de manière inévitablement partiale et, par là, révélateur des images qui vous habitent.

> La présentation des personnages périphériques renseigne sur eux mais aussi sur l'écriveur.

L'engagement de l'écriveur

Vous avez à présent parcouru selon différents itinéraires les voies de ce monde que vous aviez façonné. Ces randonnées successives vous ont fait entrer dans une compréhension de plus en plus pleine de cet univers ; elles vous en ont fait découvrir toute la cohérence – une cohérence, finalement, qui renvoie à l'unité singulière de celui qui a payé de sa parole pour le faire exister.

Le caractère unique de *ce* récit, sa tonalité propre, vous ne l'appréhendez que maintenant, après l'avoir dûment quadrillé en poussant le soc de votre analyse. Cependant, vous en avez peut-être perçu quelque chose dès le début ; sans être encore en mesure d'expliquer ou de qualifier cette perception, vous avez pu être intuitivement touché par un climat dégagé par le texte, par une impression d'ensemble. Ce sentiment flou mais persistant est souvent lié à la position que l'écriveur adopte vis-à-vis de ce qu'il raconte.

Et pour commencer, il s'engage de façon plus ou moins nette dans son rôle d'écriveur d'histoire. L'une des consignes majeures de l'Écriture Résolutive était de rédiger un texte qui soit un *récit* ; il vous était demandé de vous faire conteur, raconteur. Or, nous avons suffisamment eu l'occasion de voir que ce registre, cette utilisation de votre langue est loin d'aller de soi. Aussi, quand bien même vous vous seriez scrupuleusement appliqué à suivre cette consigne, il peut arriver que vous ayez quelque difficulté à vous y tenir.

L'un des premiers constats que vous pouvez faire concernant le climat général du texte que vous analysez sera donc le suivant : dans quelle mesure se plie-t-il à la discipline de la narration ? S'il y résiste manifestement (si, après avoir commencé par « Il était une fois », son histoire, au bout d'une page, ressemble déjà à un procès-verbal, à une litanie de journal intime ou à un extrait de courrier du cœur), c'est qu'en lui la lutte est vigoureuse entre ses habitudes langagières et son aspiration à une expression émancipée.

Si, en revanche, il s'y jette à corps perdu (si au bout d'une page, le lecteur ne voit plus du tout en quoi on parle d'une expérience réelle précise), c'est qu'il est sans doute plus sensible au côté « atelier d'écriture » de l'exercice qu'à son côté « résolutif » — qui postule que cette libération de parole se fasse au service d'un objectif identifié. C'est peut-être que derrière le réel enthousiasme de l'écriveur se profile le maintien d'une cloison étanche entre les « choses sérieuses » et les jeux de l'esprit (dont l'Écriture Résolutive ferait partie).

En tout cas, la manière particulière dont l'écriveur s'est saisi de cette consigne initiale est immédiatement sensible au lecteur et lui fournit d'entrée de jeu des indications précieuses pour la suite de l'analyse. L'invitation au récit a pour but de nous chasser hors de nos façons coutumières de parler de nous, de nous sortir de ces ornières pour nous redonner le choix entre différents registres.

Ainsi, le registre adopté peut être plutôt descriptif (l'écriveur s'en tient à un rapport supposé objectif), plutôt explicatif (il cherche à extraire les causes de ce qu'il rapporte), ou plutôt affectif (il veut exprimer ce qu'il ressent et sollicite le lecteur sur le terrain de l'émotion). Libre à vous bien sûr de compléter cette liste à votre guise, si d'autres catégories vous paraissent plus pertinentes. Mais on y retrouvera toujours de grandes oppositions : description versus explication, raison versus sentiments… Certes, le contenu du discours peut dicter une tonalité : le propos se fait affectif pour compatir à l'expression du malheur, rationnel pour comprendre les explications fournies, bon public pour rire aux blagues… Reste que chaque récit produit une impression particulière, révélatrice de la façon particulière dont l'écriveur a adopté ce mode narratif.

> La tonalité du récit renseigne sur la manière dont l'écriveur a endossé son rôle.

Et pour ceux qui n'ont vraiment pas le temps…

Nous voilà parvenus au terme de la deuxième phase de l'Écriture Résolutive. Et vous qui lisez cet ouvrage en entier avant de vous lancer, vous vous posez sans doute la question : « Tout cela est bien beau… mais ça prend combien de temps ? » Consacrer une heure ou deux à la rédaction de votre récit, ce n'est déjà pas une mince affaire. Or la seconde phase – celle dont nous achevons la présentation – est probablement celle qui demande le plus de patience et de savoir-faire, et qui à ce titre est la plus longue à effectuer. Aussi, m'est-il difficile de vous indiquer ici avec assez de précision combien de temps en moyenne y est consacré.

Vous êtes des gens occupés ; ma présentation vous a suffisamment convaincu pour que vous acceptiez de vous lancer dans la première phase de rédaction. Mais si vous n'avez pas une minute à vous, je comprends que vous hésitiez face à la deuxième. D'autant plus que, j'ai déjà eu l'occasion de le constater, l'argument du manque de temps sert en général de masque à un autre argument, tout aussi valable et réel, mais plus incommode. En l'occurrence, nul ne vous blâmerait de penser que si vous êtes tout à fait compétent pour écrire une histoire, vous ne l'êtes peut-être pas autant pour en effectuer l'analyse nécessaire à l'exercice complet de l'Écriture Résolutive.

La question se pose en effet, et vous êtes le seul à en posséder la réponse. En droit, pour autant qu'on souhaite investir là son temps et son énergie, une analyse fructueuse de ses propres productions littéraires est à la portée de chacun de nous. En fait, le mieux est l'ennemi du bien. Rien de bon ne se fera sans un plein engagement de votre part, et il vous revient de sentir à quel moment vous forceriez votre talent. Si vous le jugez nécessaire, la possibilité vous est offerte de déléguer cette seconde phase de l'Écriture Résolutive, sans porter en quoi que ce soit atteinte aux résultats attendus. Si l'excès de scrupule ou le manque de temps vous fait hésiter dans cette entreprise, je vous suggère dès lors de vous tourner vers le lecteur expérimenté dont l'analyse aura la rigueur que vous n'êtes pas sûr d'avoir, tout en respectant la singularité de votre approche[1].

La deuxième phase de la démarche
peut être prise en charge par une tierce personne.

---

1. Vu la nouveauté de l'offre, je ne puis à ce jour que vous recommander ma propre officine pour trouver ce service – et vous prier d'excuser l'immodestie de cet aveu.

Se lire

Les principes

Le statut de lecteur
- Quitter le rôle de l'écriveur pour celui de lecteur
- Lire sans porter aucun jugement de valeur

L'écoute du texte
- Tenir compte des mots sans les isoler de leur contexte
- Éviter de formaliser ou hiérarchiser trop vite vos conclusions

Les angles d'attaque de l'analyse
- Reprendre les mêmes questions qui s'étaient posées dans la phase d'écriture, et inspecter le récit en observant :
  - le cadre spatio-temporel (lieux de l'action, périmètre temporel)
  - les personnages (principal, périphériques)
  - la tonalité générale (descriptive/explicative, rationnelle/affective)

Les étapes

La première approche
- Laisser reposer le texte pendant 2 ou 3 semaines
- Effectuer une première lecture cursive de l'ensemble
- Analyser la disposition graphique et la ponctuation

L'examen de chaque piste
- Écouter les priorités du texte pour choisir la première piste
- Suivre sur l'ensemble du texte les suggestions d'un passage
- Changer de piste en se laissant porter par leurs connexions
- Laisser les résultats partiels « au brouillon » jusqu'à la fin de l'analyse

La mise au point finale
- Mettre à plat tous les résultats
- Organiser les données en 3 ou 4 grands chapitres

Chapitre III

La joie de se déterminer

Préliminaires

Écriveur, lecteur…, l'heure est venue d'assumer le troisième rôle pour passer à l'action : décideur. Et il n'avait au fond jamais été question d'autre chose : vous donner les moyens les plus honnêtes, et par là les plus efficaces, d'avancer concrètement sur votre interrogation initiale. Cette avancée pourra prendre les formes les plus diverses : trouver une réponse, trouver plusieurs réponses, déplacer la question, réaliser l'inanité de la question, voire confirmer l'impasse – oui, la compréhension en profondeur d'un blocage n'est pas un maigre progrès : elle vous évitera de vous acharner en vain, vous dispensera de succomber aux charlatans vendeurs de miracles, vous fournira les bases d'une nouvelle appréhension des choses… Il est important d'avoir à l'esprit que les chemins de votre évolution sont multiples.

Récapitulons : vous avez tout d'abord identifié une difficulté ou une question qui vous gêne pour avancer ; et après en avoir donné une première définition rapide, vous vous êtes lancé dans son récit circonstancié. Cet acte d'écriture, parce qu'il a exigé de vous que vous preniez du recul par rapport à votre expérience, parce qu'il vous a encouragé à mettre des mots inhabituels sur votre vie, vous a aidé à adopter une perspective nouvelle, à porter un regard décalé sur votre situation. Et c'est le premier acquis de l'Écriture Résolutive que de vous placer dans cette position inédite.

Mais ce que vous avez écrit ne compte pas pour rien ; ces pages n'avaient pas pour vocation d'être oubliées aussitôt écrites, simple prétexte pour faire de vous un écriveur. Non ; elles sont porteuses d'un sens qu'il appartient à un lecteur de saisir et de faire fructifier. Vous fûtes ce lecteur, attentif, curieux de découvrir l'univers que vous aviez décrit – ou peut-être fut-ce un tiers chargé par vous d'effectuer cette analyse de votre texte. Peu importe : le récit a été lu de près et il a parlé.

Les spécificités de votre monde ont été mises à jour : vous n'avez pas réellement pris vos marques dans vos nouveaux bureaux ; ou vous mettez volontiers l'accent sur ce que vous n'avez pas réussi ; ou trop de rêves vous empêchent de profiter de votre famille ; ou vous vous sentez le jouet de forces qui vous dépassent ; ou… Innombrables sont les constats qui ont émergé de l'analyse de votre récit. Ce diagnostic est votre trésor, le coffre d'où sortir les ustensiles de votre évolution, la matière première de vos décisions.

Décideur vous êtes à présent, avec toutes les cartes en main pour entreprendre le changement qui correspond à la fois à vos aspirations et aux limites de votre situation réelle. Les lendemains chanteront, peut-être, pourquoi pas ; mais du passé faire table rase, non, ce n'est pas ici le programme. L'Écriture Résolutive prend toute la mesure des conditionnements qui pèsent sur notre action, et de l'impossibilité d'y échapper : nous sommes le fruit d'une histoire et cette histoire, aujourd'hui comme hier, nous inscrit parmi d'autres hommes. Et nous ne gagnerons rien à prétendre qu'il en irait autrement. « Ah, si seulement j'avais pu reprendre juste après ma grossesse… »,

« Ah, si seulement j'avais passé ce diplôme… », « Ah, si seulement je n'avais pas à me traîner tous ces bras cassés… », « Ah, si seulement on pouvait réformer ce p… de système… »… Personne n'y échappe. Quels que soient l'âge, le secteur, le niveau de responsabilité, qui n'a l'occasion de se plaindre de ne pouvoir faire ce qu'il voudrait ?

La démarche de l'Écriture Résolutive consiste à regarder toutes ces contraintes en face, non comme des adversaires à combattre, mais comme des conditions à prendre en compte. Loin d'annihiler toute possibilité d'action, elle permettra au contraire de comprendre où se situent les réelles marges de manœuvre, en évitant de s'épuiser à batailler contre l'inévitable. Nous verrons alors que ce ne sont pas lesdites contraintes qui nous empêchent d'avancer, mais bien souvent la manière dont nous nous les représentons et les rôles que nous leur faisons jouer.

Un rapide exemple : si je ne supporte pas de travailler sous la *contrainte* de « *dead lines* » continuelles, n'est-ce pas aussi (surtout ?) parce que ça me donne l'impression d'être au service de la personne qui me rappelle ces délais ? Ou parce que je ne supporte pas d'être en retard ? Ou parce que je n'arrive pas à estimer les délais raisonnables dont j'aurais besoin ? Ou parce que je ne veux pas avoir à discuter de ces délais ? Plutôt que d'affronter ces questions incontestablement peu confortables pour mon ego, je préfère en général accuser « la contrainte », accusation bien commode qui présente notamment l'avantage d'être immédiatement comprise, voire partagée si on en fait part. Sans parler du fait qu'elle a peu de chance d'être levée, et qu'on pourra toujours compter sur elle si on a besoin de se plaindre…

Bref, il s'agit de trouver des *solutions* en faisant preuve de *résolution*, en cherchant à déterminer pour vous-même un comportement positif et constructif au sein de conditions qui, même si vous avez pris l'habitude de les considérer comme défavorables, offrent d'indiscutables marges de manœuvre : parce que vous avez pris le recul de l'écriture et de l'analyse, vous êtes à même de distinguer la nature des obstacles que vous voyez se dresser devant vous (incontournables, imaginaires, choisis par vous, imposés par autrui…), et donc de décider d'une marche à suivre véritablement appropriée à votre situation, à ce que vous êtes actuellement.

Tel est l'objectif de ce chapitre : vous éclairer la voie que vous prendrez pour décider de quoi faire évoluer votre situation. Il s'agit essentiellement de prendre appui sur ce qui a été formulé dans l'écriture pour apprécier votre position dans toutes ses dimensions et repérer où y inscrire au mieux votre stratégie d'évolution.

> Vous vous êtes écrit et lu : vous pouvez maintenant prendre vos décisions pour agir.

Ce chapitre est ainsi destiné à dégager les principales conditions et modalités de votre démarche de décideur. Cependant, il ne saurait vous *expliquer* comment décider. Autant il m'a été possible d'envisager avec vous les divers actes techniques à effectuer pour écrire une histoire ou pour l'analyser, autant cet accompagnement pratique devient à présent impossible, voire contradictoire en soi.

Toute la démarche de l'Écriture Résolutive consiste à vous faire affirmer et consolider votre autonomie ; son objectif profond est de vous procurer la compréhension la plus fine possible de votre situation pour fonder sur les meilleures bases l'exercice de votre liberté, dans l'idée que seule cette libre détermination est à même de conférer solidité, constance et autorité à vos actes. Il serait donc tout à fait préjudiciable que, sous prétexte de sollicitude pédagogique, je me mette ici *à votre place*. Personne n'y sera jamais ; céder cette place serait purement et simplement abdiquer la responsabilité de la décision à prendre, quand cette responsabilité est son ingrédient essentiel.

En effet, le moment de la décision est précisément celui où un sujet fixe une priorité, tranche, s'engage ; c'est le moment critique où vous vous avancez dans un geste toujours risqué malgré toute la réflexion qui l'aura précédé. Et la justesse de la décision reposera sur ce déclic intime, seul capable de faire de vous un être résolu, déterminé à agir *dans ce sens-là*. Je ne parle pas ici de bonne ou de mauvaise décision au sens où elle aurait ou pas un heureux succès ; je parle de décision juste au sens où elle manifeste une volonté assumée, ancrée dans votre nécessité, quelles qu'en soient ultérieurement les conséquences – vous les assumerez d'autant mieux qu'elles auront procédé de votre choix singulier.

Ce choix sera d'autant plus simple à endosser qu'il aura été éclairé. C'est pourquoi je me propose ici de traiter avec vous non pas de la « marche à suivre » pour se déterminer, mais des conditions les plus propices à cette autodétermination.

> La méthode ne vous dicte ni quoi ni comment faire : vous êtes l'auteur de vos décisions.

La reformulation

« Miroir, gentil miroir... »

Quelles qu'elles soient, vos décisions tirent leur force de leur enracinement dans la réalité de *vos* interrogations, de *vos* besoins, de *vos* aspirations, auxquels vous avez maintenant un accès privilégié grâce à votre récit et à son analyse. Risquerais-je une analogie ? Freud qualifiait le rêve de voie royale vers l'inconscient ; dans cette perspective, on peut y voir un lieu d'échange permettant de faire communiquer celles de nos représentations qui circulent sur le devant de notre théâtre et celles, plus obscures, qui hantent nos profondeurs. On pourrait dire que la scène de l'écriture offre la possibilité d'une rencontre un peu similaire entre ce que nous pensons et disons et les impressions informulées qui gouvernent ces pensées.

Ainsi, l'interprétation de votre récit, comme celle d'un rêve, peut-elle faire apparaître les traits les plus saillants de votre monde, de la perception que vous en avez. Ainsi peut-elle mettre au jour les éléments les plus significatifs de votre expérience – ceux que vous n'auriez sans doute pas pensé à énoncer, pour des raisons d'ailleurs diverses : « C'est tellement évident que cela va sans dire » ; « Ce n'est pas original, tout le monde pense la même chose » ; « C'est un peu tiré par les cheveux, j'exagère » ; etc. En tout cas, il y a des arrière-plans à vos perceptions habituelles, que la lecture fouillée de votre écrit dévoile, et dont la prise en compte est indispensable pour envisager une évolution effective et durable de votre situation.

> L'écriture vous donne accès
> à vos représentations implicites.

Pourquoi tant insister sur la nécessité de cette prise en compte ? Pour deux raisons. La première : malgré toute l'attention qu'on a portée à l'examen des attendus, on est souvent si pressé de passer au jugement et à l'action qu'on saute à pieds joints sur ces mêmes résultats qu'on avait mis tant de peine (ou d'argent, s'il y a un consultant, un coach ou un psy qu'on a payé pour cette peine) à rechercher. Et, à la limite, plus on a consacré de temps à cette analyse préalable, plus la pulsion est forte d'en finir et, une bonne fois, d'entrer dans le vif du sujet. Alors que ce devrait être le contraire : plus l'analyse aura été longue et approfondie, plus il faudra de délicatesse pour en faire passer tout le bénéfice dans l'action.

Deuxième raison, qui est généralement à l'origine de la première : l'examen des données de la situation nous en révèle un visage dérangeant. Faire un constat est une chose ; l'admettre et en affronter les implications en est une autre... et c'est là que vous en êtes.

L'analyse de votre texte, que vous l'ayez effectuée en personne ou bien déléguée, est devant vous comme un miroir. Et malgré les motivations qui vous ont poussé à écrire – la conscience d'avoir des choses à régler pour avancer – il est difficile de ne pas formuler la classique requête : « Miroir, gentil miroir, dis-moi que je suis la plus belle du royaume... » Or, soyons francs : nous sommes tous d'affreuses belles-mères ! Alors bien sûr, qui aime dans ces conditions à se fixer dans le blanc des yeux ? Voilà pourquoi j'insiste ; je ne voudrais pas que vous ayez fait tout ce travail d'écriture pour ensuite en éluder des résultats qui sont peut-être amers, mais dont les effets seront des plus salutaires.

Voici un exemple. *Le diagnostic est formel : « Le vocabulaire employé montre que le personnage principal éprouve une grande animosité vis-à-vis de sa nouvelle femme. On voit que le conflit est ancré, peut-être ancien malgré la jeunesse de leur relation, et renvoie à des situations antérieures équivalentes. La place donnée dans le texte aux réussites de l'autre versus ses difficultés personnelles montre que la mise en avant de la question du déménagement en province masque sans doute une forme d'envie, de la part d'un homme peu habitué à partager sa vie avec une femme dont la réussite sociale peut être ressentie par lui comme une menace. »*

À la lecture (ou relecture) de ces propos, il se peut que vous ressentiez un certain malaise. « Quoi ? Mais pas du tout ! » Et il se peut que vous vous laissiez aller à protester : « Mais où est-il donc allé chercher tout ça ? » Puis vous vous souviendrez : ce « il », c'est... vous ! Et la source de cette analyse, c'est... ce que vous-même avez écrit. Aucune contestation possible :

vous l'avez écrit ! Alors bien sûr, la mauvaise foi peut être tenace : « Mais ce n'est pas ce que je voulais dire… » Cher ami, ça ne prend pas non plus ! Car rappelez-vous, c'est le principe même de l'Écriture Résolutive : grand nettoyage de printemps ; on vide *tous* les placards, et tant pis pour les horreurs qu'on y avait accumulées…

Au fond, vous avez entrepris cette démarche en espérant bien y découvrir quelque chose de solide sur vous-même, de quoi construire de vraies réponses à vos questions. Donc allez-y, regardez-vous ! À chaque fois que quelque chose vient vous choquer, ou tout simplement vous étonner, c'est l'espace d'une marge de manœuvre qui s'ouvre pour vous, la possibilité d'un changement, d'une rectification, d'un rééquilibrage. Logique : la surprise marque l'introduction d'un élément nouveau dans votre champ de vision, l'élargissant ou l'approfondissant, qui procure la possibilité d'adopter des positions différentes, de faire des choix différents.

Cette tension entre ce que vous pensez dire et faire, d'une part, et ce que l'analyse de votre récit révèle de vous, d'autre part, c'est l'espace du changement qui vous est propre. Elle n'oppose pas à votre personne et à vos comportements actuels un modèle standard à suivre coûte que coûte, valable pour toute personne désireuse de devenir le parfait collaborateur ou la mère de l'année. Non. Elle instaure une polarité entre deux dimensions de vous-même, qui sont *également* représentatives de ce que vous êtes et pensez *réellement* ; d'un côté vos idées et dispositions conscientes et familières, celles qui vous construisent à vos propres yeux et forment vos points de repère, de l'autre des idées et dispositions peut-être plus étranges, étrangères, mais bel et bien exprimées par vous, formulées par vos mots, issues de votre vision à vous.

Vos analyses ont l'avantage de révéler
des aspects de vous-même méconnus, voire dérangeants.

Problèmes et solutions : un couple infernal

Vous grognez : nous avions commencé par une question (se demander, avant d'entamer le récit, quelle est la difficulté qui nous le fait entreprendre), et voilà que nous finissons avec... des questions. À quand donc des réponses ? L'objectif de l'Écriture Résolutive est bien de vous amener à trouver des réponses à vos questions, des solutions à vos difficultés, des critères pour vos décisions. Mais ce serait une erreur de croire que nous n'avons jusqu'à présent guère œuvré à leur mise en place. En réalité, nous avons commencé à construire les solutions dès le moment où nous avons entrepris de décrire les problèmes.

En cela, nous nous écartons de la démarche commune, qui repose sur une définition des problèmes à partir des solutions – et non l'inverse, comme on pourrait logiquement s'y attendre. Examinons par exemple un état de fait extrêmement courant dans les entreprises aujourd'hui. On y trouve, d'une part, des collaborateurs aux prises avec des difficultés de tous ordres et, d'autre part, un éventail de formations destinées à leur permettre de surmonter lesdites difficultés. Si vous ne savez pas changer un filtre, manipuler une nacelle ou travailler sous l'eau, et que votre activité exige de vous de telles performances, vous n'aurez aucun mal à trouver immédiatement votre bonheur dans le catalogue des stages proposés par votre entreprise, pour peu qu'elle se soit dotée d'un responsable formation efficace. Mais quand on touche au domaine dit du « management », voire du « management des hommes », les choses se corsent singulièrement. En effet, une difficulté relationnelle ne saurait se traiter de la même manière qu'une simple incompétence technique.

Si vous avez besoin de telle ou telle habilitation pour travailler sur un site pétrochimique ou pour conduire des engins de chantier, la formation appropriée vous conférera la spécialisation qui vous manque et qui vous sera désormais reconnue par vos collègues. Si, en revanche, vos prestations orales en public laissent à désirer, ou si vous ne parvenez pas à imposer votre voix au sein du comité exécutif, le passage par la formation considérée comme appropriée aura-t-il un effet aussi incontestable ? Sans doute pas, parce que dans ces domaines, « *ça* ne marche pas à tous les coups », « *ça* dépend des gens », « *ça* demande du temps » : ça, c'est la matière humaine, dont la dignité et l'humanité justement consistent à ne pas répondre au presse-bouton.

Pourtant, c'est sur ce genre de réaction automatique que paraissent souvent tabler les gestionnaires d'hommes dans l'entreprise, ainsi d'ailleurs que les intéressés eux-mêmes qui ont fini par se voir comme on les voit. Je suis responsable d'une équipe et c'est la guerre au sein de mon équipe. Que se passe-t-il, je ne sais pas trop, mais je vais faire une formation de gestion de conflit, qui ne manquera pas de révéler en moi le leader charismatique. Je viens d'entrer en fonction dans un poste de direction, c'est mon premier, et il y a un certain flottement de la part de mes collaborateurs, qu'à cela ne tienne, une formation aux « styles de management », et je saurai rayonner d'une nouvelle autorité.

Pour ne parler que de l'univers professionnel ; car aujourd'hui, des coachs en tous genres font surface dans chaque secteur de votre vie, tous armés de pied en cap de la théorie et de l'expertise réputées adéquates pour s'occuper de ce qui ne va pas.

> En matière de relations,
> il n'y a pas de solutions automatiques.

Mais je suis un peu injuste avec ces prestations. Elles sont efficaces dans la mesure où elles sont l'occasion pour leurs bénéficiaires de prendre du recul par rapport à leurs routines. Et ces ruptures de train-train sont salutaires en soi, indépendamment des contenus théoriques qu'elles entendent véhiculer. Le changement de rythme, parfois de lieu, toujours de perspective, imposé par la participation à un séminaire ou à une expérience coachée, est à lui seul un déclencheur d'intelligence.

Les bénéfices réellement tirés de ce genre d'interventions sont l'effet presque mécanique produit par l'interruption des routines et la possibilité offerte à une créature pensante de réfléchir sur ses attitudes et ses pratiques. Lui, le formateur – le coach, le psy... – s'ingénie à apporter des réponses, des solutions aux « problèmes » de ses interlocuteurs : n'est-ce pas pour cela qu'on le paie, pour qu'il fasse disparaître les problèmes ? Tel est dès lors le contrat : moi formateur je t'apporte une théorie, que je vais t'appliquer, dont tu vas pouvoir vérifier « concrètement » (même si c'est dans le champ stérile du stage, de la séance ou de l'émission...) la validité.

Ainsi, porté par son désir de « répondre aux attentes », le consultant occupe le terrain ; porté par la nécessité d'assurer son autorité, il justifie, il colmate, il dogmatise. Mais plus son discours sera dogmatique, plus il remplira l'espace libéré pour la réflexion. Plus ce discours se voudra complet, total, adéquat, plus il bouchera les interstices et interdira le jeu qui aurait permis de déplacer les enjeux. Plus il prétendra apporter LA réponse, plus il étouffera l'inventivité propre à ces moments de décalage.

En bref : la solution n'aura pas *traité* le problème. Elle l'aura remplacé, recouvert ; elle l'aura effectivement fait disparaître – momentanément soustrait à la vue. C'est qu'en effet cette façon de travailler, sous couvert d'adaptation permanente à la singularité des situations, a tendance à n'exploiter ces dernières que comme les terrains d'application de théories préconçues. Prend-on le temps d'explorer cette fameuse demande, ces fameux besoins auxquels on dit coller ? Assez peu, juste assez pour donner aux stagiaires l'assurance que leurs attentes sont prises en considération ; juste assez pour customiser en cours de route un propos de toute façon déjà construit et clos sur sa logique propre.

> Faire disparaître le problème ne signifie pas l'avoir réglé.

Puisqu'on n'a pas véritablement pu écouter l'intéressé décrire ce qui l'occupe, quel est donc ce problème auquel le consultant apporte sa solution ? D'où sort-il ? De sa boîte à problèmes, qui n'est autre que sa boîte à solutions. Dans cette perspective qui est la plus courante, la solution crée le problème dont elle a besoin pour s'appliquer.

C'est la guerre avec vos enfants ? C'est que vous avez du mal à gérer les conflits. Et le voilà, votre *problème* : une inaptitude à la gestion de conflit ; et la voilà, la *solution* : un stage pour vous initier à la gestion de conflit. Et, généralement, l'intéressé opine du bonnet : tout cela paraît fort sensé. Sans compter que si on fait appel aux services d'un consultant, c'est qu'on lui reconnaît quelque compétence ; il doit bien savoir de quoi il parle. Donc pourquoi ne pas se fier à son jugement ? Le client, on l'a vu, parce qu'il est en situation de déséquilibre et de demande, veut être rassuré ; il a besoin que le consultant *sache*. Tant il peut être déstabilisant de placer sa confiance en quelqu'un qui se présenterait comme *ne sachant pas* et de se lancer apparemment sans filet.

Nous aimons avoir affaire à quelqu'un qui nous dit à la fois de quoi nous souffrons et comment nous soigner. Sauf que le bon docteur ne diagnostiquera jamais que ce qu'on lui a appris à regarder. Il y a une petite histoire bien connue pour décrire cette façon de faire. C'est l'histoire du gars qui, ayant par une nuit noire perdu ses clés dans la rue, les cherche sous la lumière du réverbère parce que là, au moins, il y voit quelque chose.

Telles sont souvent les démarches classiques de la consultance : elles braquent un spot sur quelque partie de notre vie, délimitant ainsi le problème auquel elles se feront un devoir et un plaisir d'apporter une solution. Chaque problème a sa solution, vraiment la sienne puisque, se définissant l'un l'autre, ils sont comme l'endroit et l'envers d'une même médaille. Conception purement mécanique, technologique de nos relations et de nos actes.

Plutôt que d'aller chercher des solutions *toutes faites* dans un discours qui transformera votre problème pour pouvoir le traiter, pourquoi ne pas accepter le risque de votre singularité ? Plutôt que de tourner en rond sous la lumière du lampadaire, osez vous remémorer ce que vous avez fait de votre soirée et partez explorer l'obscurité. Cette aventure vous fera retrouver vos clés ; elle vous fera croiser quelqu'un qui sait où elles sont ; elle vous fera réaliser, en retrouvant vos esprits dans la marche, que vous étiez sorti sans elles ; elle vous fera faire la rencontre qui vous décidera à ne pas rentrer chez vous, rendant cette recherche de clés inutile… Qui sait ? Peut-être aviez-vous perdu vos clés parce que vous vouliez changer de vie… Le défi n'est pas seulement de trouver la solution : c'est aussi, surtout, de trouver le problème.

Penchons-nous à nouveau sur un exemple professionnel – une situation courante. « J'avais un mal fou à écrire la moindre présentation ; je savais bien comment faire, j'avais suivi de très bonnes formations sur le sujet. Et Dieu sait que dans ma vie professionnelle, j'ai eu l'occasion d'en faire. Mais là, le blocage. » Que faire devant ce type de problème ? On conseille gentiment au collaborateur d'aller voir un psy ? On lui enjoint de faire un effort ? On réduit ses attributions pour qu'il n'ait plus à écrire ? On lui paie une super-assistante qui fera tout à sa place ? Solutions diverses, en fonction certainement du niveau de responsabilité du collaborateur en question. Solutions de même acabit néanmoins, qui toutes se contentent de chercher dans la lumière du lampadaire.

Il conviendrait sans aucun doute d'élargir le cercle et de circonscrire différemment l'aire offerte au questionnement. Par exemple, il ne serait pas absurde de considérer qu'il y a une contradiction entre, d'une part, le crédit effectivement accordé au collaborateur au sein de son entreprise, et, d'autre part, l'obligation qui lui est faite de s'exprimer si souvent dans des présentations écrites formalisées et largement diffusées. De fait, il est difficile de prendre la parole avec détermination et fluidité quand on ne sait pas bien d'où l'on parle et quels sont les enjeux réels de cette parole. On imagine bien que pareille contradiction, entre un impératif opérationnel simple et une position dans le schéma de l'organisation beaucoup plus complexe et ambiguë, soit subie par l'intéressé sans qu'il en ait une claire conscience, et qu'ainsi inaperçue, elle échappe à l'attention, et perdure.

> Ne vous contentez pas de chercher vos clés sous le lampadaire.

Néanmoins, elle pourrait être saisie par une démarche qui ne préjugerait pas de la nature ni de l'ampleur du problème. Il y a fort à parier que le récit de son histoire fait par le collaborateur lui-même, et son interprétation rigoureuse seraient en mesure de faire apparaître la difficulté en question dans ses dimensions autres que purement rédactionnelles, ouvrant la voie à des solutions non envisagées *a priori* : en l'occurrence par exemple, clarifier la définition et l'envergure du poste, ou établir la véritable nécessité de ces prises de parole – ou autre chose qui, on le voit, ne relève pas nécessairement de l'intervention extérieure d'un consultant ou d'un formateur, et peut être assumée par le collaborateur lui-même – le cas échéant, vous.

Cette requalification élargie de votre « problème » est essentielle à la découverte de solutions adéquates à la situation et à
vous-même. Pour pouvoir agir efficacement, vous devez
pouvoir vous dire : « Voilà à quoi je veux maintenant m'attaquer, voilà l'habitude que je veux contrecarrer, voilà ce que j'ai
besoin de savoir. » Il aura fallu que vous passiez d'une caractérisation « standard » de votre difficulté à une formulation de
ladite difficulté dans des termes qui vous appartiennent en
propre.

« J'ai du mal à gérer mon stress », ou « Je me demande
comment asseoir mon autorité », ou « Je n'arrive pas à me faire
respecter »… Bien des gens sont susceptibles de se reconnaître
dans ce genre de formules ; est-ce à dire qu'ils rencontrent les
mêmes difficultés ? C'est ce qu'un discours psychologique
mécanisé veut nous faire croire pour imposer les solutions préétablies dont nous avons parlé.

En fait, il y a plus identité de vocabulaire que de situations :
« gérer », « stress », « autorité », « respect »… ; tout un lexique banalement utilisé pour désigner ce qui nous arrive dans la
vie, un lexique auquel il est donc commode de recourir
lorsqu'on veut parler des difficultés qu'on y rencontre. Mais ce
que chacun met sous ces mots est d'une étonnante diversité.
C'est pourquoi il était important que vous trouviez d'autres
mots pour dire votre expérience ; il s'agissait d'échapper à ce
vocabulaire faussement objectif pour atteindre à une expression personnelle.

C'est pourquoi aussi il y a un décalage entre la première formulation que vous avez donnée à votre difficulté (cette phrase que
vous avez notée avant de vous lancer dans l'écriture de votre
histoire) et la qualification que vous allez faire de cette même
difficulté à partir de l'analyse du récit. En réalité, c'est seulement à présent que vous allez véritablement cerner le
« problème », c'est-à-dire déterminer le périmètre sur lequel

vous allez décider d'agir. Ce que l'idée initiale que vous en aviez ne vous permettait pas de faire parce qu'elle se traduisait en termes trop généraux, pas suffisamment adéquats à votre propre fonctionnement actuel.

> Définissez vous-même votre problème pour trouver votre solution.

L'appropriation

Le pouvoir de décider

Pour dégager des données fournies par l'analyse de votre récit les éléments propres à fonder des résolutions solides, il convient d'adopter une perspective spécifique : c'est le rôle auquel j'ai donné le nom de « décideur » – tout simplement parce qu'il s'agit à présent de prendre des décisions, de trancher en vue d'une action.

Or une certaine ambiguïté est attachée à cette activité de décision. Avoir la capacité de décider, c'est à la fois avoir les dispositions individuelles propres à l'affirmation d'un point de vue, et être dépositaire de l'autorité et des moyens nécessaires à son application pratique. Ainsi, le « décideur » (au sens le plus courant) est-il considéré comme détenteur d'un pouvoir, par opposition à ceux qui en sont dénués et sont cantonnés au « ce n'est pas moi qui décide ». Une forme d'héroïsme est associée à ce personnage, parce que toute décision résulte d'un choix et comporte des risques ; celui qui décide s'expose, pour le meilleur et pour le pire.

Dès lors, d'acte enviable (car associé à l'exercice d'une liberté et d'un pouvoir), décider devient un acte détestable (car associé au péril de l'échec et du discrédit). La prise de décision perd alors la dimension créatrice qui fait sa valeur, une dimension d'engagement individuel librement déterminé.

C'est dans cette dernière que l'Écriture Résolutive entend vous rétablir en vous mettant en position d'élaborer pour vous un plan d'action. Même si l'histoire que vous avez racontée est forcément celle d'une tribu (votre entreprise, votre bande de copains, votre équipe, votre famille, etc.), sa lecture et son exploitation ont des fins strictement individuelles et ne concernent que votre personne. C'est dans ce sens qu'il faut comprendre votre rôle de décideur (au sens strict que je lui ai donné de preneur de décision). Vous ne serez responsable que devant vous-même des décisions que vous aurez choisi de prendre (ou pas – ce qui est aussi une façon de décider) et des choix qui les sous-tendent. Seul juge, voire seul informé de vos résolutions[1].

(Re)faites de vos décisions un exercice de votre liberté.

Mais cette autonomie ne rend pas nécessairement les choses plus faciles ; aussi serez-vous peut-être effleuré par la tentation de botter en touche dans un premier temps. Vous vous trouvez devant la difficulté suivante : le matériau fourni par l'interprétation de votre récit n'est en lui-même qu'un état des lieux ; il ne dit rien sur la manière d'entreprendre le chantier. Or, l'action impose ses implacables conditions : une chose après l'autre, sachant que le temps est toujours compté, et que par voie de conséquence on n'a jamais le temps d'épuiser l'ordre du jour. D'où l'intérêt de sélectionner avec soin les premiers points à traiter, de définir des priorités : qu'allez-vous traiter *en premier* ?

---

1. Seul, l'assistance que vous aurez pu recevoir étant tenue à un devoir de confidentialité.

La tentation est de céder à une pseudo-évidence, et de considérer qu'on peut commencer par mettre de côté les problèmes qui paraissent échapper totalement à notre pouvoir. Et de fait, parmi les éléments d'incertitude ou de blocage mis en scène par le récit, vous vous dites qu'il y en a beaucoup face auxquels vous êtes impuissant. Quelques exemples ?

– Votre fils de seize ans s'est entiché d'un camarade de classe féru de tatouage et de piercing, et votre garçon est déjà allé se faire tatouer sur l'épaule contre votre interdiction formelle.

– Vous travailliez seule dans votre bureau jusque-là, on vous a imposé quelqu'un en face de vous, et vous vous sentez envahie.

– ... ou autre.

... et vous de lever les yeux au ciel : « Mais qu'est-ce que j'y peux ? »

Certes, la marge de manœuvre paraît mince. Si votre collègue assis derrière le bureau d'en face vous empêche de vous concentrer parce qu'il est particulièrement volubile au téléphone, quoi faire ? Peu de philosophies d'entreprise autorisent à bâillonner les indiscrets ou à mettre un contrat sur eux ; et si tout déménagement est exclu, il va bien falloir s'en accommoder, la solution consistant dans le moins mauvais aménagement possible. Dès lors, que propose l'Écriture Résolutive pour aller au-delà de cette résignation ? La réponse réside dans son originalité majeure : la production initiale et cruciale d'un *récit* de votre situation.

La présentation de votre expérience sur un mode narratif fait apparaître tout un monde, une vie complexe. Cette complexité, même si vous ne l'avez pas vous-même perçue dans votre rôle d'écriveur, le lecteur l'a saisie et restituée dans son analyse, celle-là même que vous avez à présent entre les mains pour construire vos décisions. Parce qu'il y avait une cohérence dans votre histoire, il y a une cohérence entre les divers éléments proposés par cette analyse. Ainsi, vous ne devez pas considérer tel ou tel d'entre eux de manière isolée : à côté de telle ou telle contrainte qui vous semble rigoureusement inamovible, l'analyse évoque d'autres angles d'attaque de la situation, et c'est leur articulation qui vous ouvre des marges de manœuvre – une articulation que vous avez effectuée en regroupant les remarques faites au cours de votre analyse (voir chapitre précédent).

Reprenons notre exemple, qui semble décrire un complet blocage dans la confrontation entre votre exigence de bonnes conditions de travail et la désinvolture de votre collègue. Il se peut que, conjointement, le récit révèle de votre part un attachement particulier à ce bureau ; ou une relation privilégiée avec la collègue qui travaillait auparavant en face de vous et qui a quitté le service à cause d'un cancer ; ou une excessive difficulté de votre part à faire des réclamations ; etc. La question posée est alors intégrée dans un ensemble et se lit comme l'une des facettes du monde tel que vous le percevez. Auquel cas il apparaît que le problème « objectivement » insoluble de cohabitation doit son existence et son importance à d'autres facteurs sur lesquels, en revanche, vous êtes susceptible d'agir de façon efficace.

Suivons encore notre exemple, et admettons qu'il se dessine une association entre plusieurs éléments :

1. Le problème de cohabitation dans votre bureau ;
2. Le deuil difficile d'une relation de travail antérieure ;
3. Le caractère particulièrement épanouissant des tâches qu'on vous confiait alors, par opposition à celles que vous assumez aujourd'hui.

L'analyse de votre récit vous mettrait ainsi en face d'une dimension significative de votre malaise, à savoir un fort sentiment de nostalgie. L'action à entreprendre en l'occurrence pourrait être d'effectuer un bilan complet de ce qui, d'après vous, a changé dans votre environnement par rapport à « avant », et d'évaluer en contrepartie vos propres évolutions, afin de clarifier dans quelle mesure vous « vivez dans le passé », et dans quelle mesure cette position vous empêche de profiter des opportunités nouvelles qui s'offrent à vous (pourquoi pas celle, par exemple, d'utiliser à votre profit la « volubilité » de votre colocataire de bureau en lui proposant certaines collaborations ?).

Même si vous avez pu, au départ, avoir le sentiment que dans votre situation, une énorme quantité de facteurs vous échappaient, le fait qu'ils soient articulés entre eux vous permet de les aborder de manière plus constructive parce que ce regroupement leur donne un sens *pour vous*, dans le contexte de *ce que vous êtes*. Car c'est vous qui êtes le support de leur articulation, vous qui justifiez leur mise en relation. Aucun de ces problèmes n'est inédit ; ce qui l'est, c'est la manière dont ils se rencontrent pour vous en un moment donné. Et le plan d'action que vous allez élaborer sera d'autant plus pertinent qu'il sera capable de prendre en considération cette spécificité.

> Comprendre la complexité du problème
> dissipe le sentiment d'impuissance.

En replaçant chacun de vos « problèmes » dans le contexte général de votre façon d'envisager le monde, l'Écriture Résolutive vous redonne les clés de votre évolution. Il est de votre ressort de décider quel aspect de votre difficulté il est bon d'aborder en priorité – ce qui revient à décider que d'autres aspects resteront dans l'ombre. Car il est des problèmes auxquels il convient de ne pas se confronter à la légère ; il en est même auxquels il vaut mieux ne pas toucher, tant ils participent de l'équilibre qui nous permet de tenir debout.

Et qui serait meilleur juge que vous du statut de tel ou tel point soulevé par l'interprétation de votre récit ? Qui est mieux placé pour savoir s'il est temps d'agir ici plutôt que là ? Parce que vous êtes le meilleur appréciateur de ce que vous *pouvez* (c'est-à-dire : ce dont vous êtes capable et ce qui, pour vous, est acceptable), votre plan d'action a de meilleures chances de réussir s'il s'élabore à partir de vos propres critères que s'il s'établit sur des critères extérieurs. Il saura mieux faire la part de ce qu'*on attend* de vous et de ce que *vous savez* de vous.

Il ne s'agit pas, vous le comprenez bien, de faire fi des exigences que votre conjoint, vos collègues, votre associé ou votre fille ont à votre endroit. Il y a assurément des qualités à avoir et des conduites à tenir propres aux rôles qui sont les vôtres. Tenir compte de ces données incontournables est une chose ; ç'en serait une autre de penser que leur existence vous dispense de décider ce que vous devez faire pour être plus efficace ou plus heureux.

Certes, des grilles et des profils sont généralement invoqués pour assumer au mieux lesdits rôles : toute une cartographie morale qui indique les « compétences » à avoir, aussi bien pour être un bon manager qu'une bonne mère ou un bon président de conseil syndical. Cependant ces grilles, toujours schématiques, n'ont pas été gravées au mont Sinaï, et rien ne garantit, quand bien même vous en seriez le portrait vivant, que vos problèmes seraient résolus.

Pour prendre vos décisions, plutôt que de vous fonder sur ces hypothétiques standards, partez de ce que vous connaissez le mieux, de ce sur quoi vous savez pouvoir faire fond : vous-même. Prenant en compte vos limites telles que vous les éprouvez, votre démarche gagnera en adéquation et en pragmatisme. Bien sûr, elle pourra sembler peu spectaculaire : cette approche ne repose sur aucun effet de manche, elle ne vous promet aucun virage à 180° – mais on sait ce que valent pareilles promesses.

Vous ne changerez pas le monde, pas plus que vous ne vous transformerez de fond en comble : ce réalisme de bon aloi plaide pour la modestie de l'Écriture Résolutive. Elle ne sera telle – résolutive – que dans le cadre des possibles qui sont les vôtres ; limitation dont, plutôt que de s'en plaindre, il est utile de saisir la dimension structurante. La prise en compte de vos limites et de vos urgences propres est le seul point de départ sérieux pour votre démarche d'amélioration. Non pour regretter l'étroitesse de vos marges de manœuvre mais pour, l'ayant constatée, exploiter au mieux l'espace imparti à votre action.

Donc concrètement, la reconnaissance de ces limites sera un fondement solide pour hiérarchiser les actions à entreprendre en vue d'une résolution de votre difficulté. Cette priorisation vous invitera à vous attaquer de préférence à tel de ses aspects et à laisser le reste en l'état pour le moment, non par caprice mais en connaissance de cause, et en étant capable de justifier ce choix.

> Vous êtes le meilleur juge de vos priorités.

Autre avantage de cette approche pragmatique : son caractère adaptatif. Dans la mesure où vous admettez dès le départ que votre action se déroule dans un cadre nettement circonscrit, dans la mesure où vous savez dès le départ que vous n'abordez la difficulté que par l'un de ses angles, vous ne vous laisserez pas affoler s'il advient qu'on vous mette des bâtons dans les roues. En effet, il n'a été établi nulle part que l'action envisagée (et à l'aventure contrariée par les circonstances) fût LA solution, le SEUL moyen de parvenir à un changement ; dès lors, vous ne vous trouverez pas fort dépourvu si sa mise en œuvre venait à être empêchée.

Prenons un exemple. Vous êtes président du conseil syndical de votre copropriété ; et conformément à l'idée que vous vous faites de votre rôle, vous considérez qu'il faut mettre fin à l'inertie générale face au délabrement progressif de l'immeuble. Après analyse rigoureuse de la situation grâce à l'Écriture Résolutive, vous décidez qu'il faut mettre en place un circuit de communication pour impliquer davantage les copropriétaires dans la gestion de votre bien commun. Or l'initiative ne rencontre que l'indifférence des susdits. Eh bien, vous avez toujours d'autres cordes à votre arc, que votre analyse globale de la situation a fait apparaître. Vous pouvez tenter d'adopter une gestion plus autocratique ; ou rechercher non l'implication de tous, mais de quelques-uns plus accessibles ; ou démissionner de votre poste ; ou encore réfléchir sur les raisons qui vous poussent à l'assumer… À *vous de décider*.

La difficulté ayant été comprise non comme un dysfonctionnement isolé, mais comme l'un des effets d'un ensemble complexe de facteurs, il est possible de l'aborder par des voies différentes : de choisir celle qui vous convient le mieux ici et maintenant, de changer d'option si elle rencontre des obstacles. C'est le contraire du « *one best way* ».

> Il y a toujours plusieurs solutions,
> et donc des solutions de repli.

Dans cette perspective, la prise de décision n'est pas une corvée, mais la vraie manifestation d'une capacité d'action, nourrie par une intelligence approfondie de vos moyens et de votre environnement. Décider n'est pas un passage en force plus ou moins imposé (« Bon alors, vous allez vous décider ? » ; « Là, je suis bien obligé de prendre une décision »), mais un exercice de votre liberté, l'affirmation de la place que vous voulez occuper. C'est pourquoi j'estime qu'il y a une *joie* à se déterminer, aux antipodes de ce qui se dégage d'une expérience assez commune, selon laquelle la prise de décision émarge plutôt au domaine de la crainte : peur de se lancer, peur de se tromper, peur de se faire remarquer, peur de se discréditer…

En fait, cette crainte n'a lieu d'être que si on ne *prend* pas la décision ; que si elle est la dernière goutte qui fait déborder le vase, l'effet de contraintes qui nous traversent, au lieu d'être la pointe avancée d'une dynamique assumée par le décideur. Ce dont je parle ici, c'est de *se* déterminer. C'est-à-dire de trouver en soi les repères en fonction desquels construire notre résolution.

Le sujet de l'entreprise

Votre travail, qui n'est peut-être, faute de mieux, que la seule façon que vous ayez trouvée de gagner votre vie, absorbe une part considérable de votre temps et de votre énergie. Il se peut que vous le considériez comme tellement pénible que le seul moyen de l'accomplir soit, pendant vos heures de travail, de vous retirer tout au fond de vous-même et d'attendre que ça se passe.

Les choses et les hommes étant ce qu'ils sont, cette éventualité est pour nombre d'entre nous une réalité. Dans ce cas de figure, il peut paraître inapproprié, voire insultant, de parler comme je le fais d'impact de la décision individuelle. Je conviens que la mécanisation tayloriste de l'être humain et son exploitation n'ont, et de loin, pas disparu de la surface de la terre. Mais n'allons pas utiliser ce malheureux état de fait comme alibi d'un immobilisme répandu bien au-delà du justifiable : les occasions d'affirmer nos choix sont beaucoup plus nombreuses que nous voulons bien le reconnaître. Le vieux titre de La Boétie – *Discours de la servitude volontaire*[1] – n'est pas près de devenir caduc.

---

1. Étienne de La Boétie, *Discours de la servitude volontaire*, Flammarion, 1993.

Les contraintes dont nous nous plaignons si volontiers nous sont souvent d'un heureux secours : nous pouvons soupirer à notre aise, rêver à notre aise de ce que nous ferions *si seulement* on nous en donnait le loisir, et tout à notre impuissance, nous fermons les yeux sur les possibilités que nous avons effectivement de nous affirmer. Liberté, liberté chérie ? Hum… à voir. Or bien des difficultés que nous rencontrons au travail seraient résolues ou amoindries si nous nous saisissions de ladite liberté, si nous avions l'audace de nous affirmer comme sujets, auteurs de nos décisions et de nos actes professionnels ; si nous cherchions à être *résolus* et non plus victimes, *déterminés* et non plus résignés.

Étrangement, mon programme trouve de singuliers échos dans celui que le monde du travail déroule à l'intention de ses membres : « Foncez ! », « Allez de l'avant ! », « Soyez des gagnants ! », etc. Ne suis-je pas, finalement, en train de prêcher pour cette paroisse ? Ne suis-je pas en train de dire que rien ne vaut un bon coup de pied au cul pour réveiller la bande de gros fainéants que nous sommes ? Eh bien, pas exactement. Tout le monde aujourd'hui a au moins une vague idée de ce qu'est une double contrainte, aussi qualifiée d'injonction paradoxale (en anglais *double bind*)[1] : c'est une injonction qui comporte des indications contradictoires entre elles, si bien que celui à qui elle s'adresse ne peut réaliser l'une sans contrevenir à l'autre. L'exemple type en est « Sois spontané » : ordre auquel il est impossible d'obéir, puisque la spontanéité réside précisément dans le fait de n'obéir qu'à un impératif tout intérieur, et non à une consigne imposée par autrui.

Le discours qui consiste à exiger des collaborateurs qu'ils « prennent l'initiative » est du même genre : on leur enjoint

---

1. Notion mise en œuvre par l'école de Palo Alto, et notamment Gregory Bateson.

avec constance (ce qui revient à les infantiliser en leur imposant une norme) de s'affirmer en êtres responsables et créateurs (c'est-à-dire en personnes émancipées de ces recadrages et rappels à l'ordre permanents). Or mon propos n'est pas de vous permettre à vous, fidèles collaborateurs, d'être à la hauteur de ce que vous prescrivent vos maîtres (quels qu'ils soient) ; il est plutôt de vous rendre maître de vous-même pour souscrire à ces prescriptions de la manière la plus intelligente, la plus féconde et la plus épanouissante possible.

En effet, lorsque je parle du sujet qu'il conviendrait de replacer au cœur du travail, je ne désigne pas la même chose que le discours managérial le plus commun. Je parle d'un sujet rationnel autonome, et non d'un sujet psychologique défini par des affects dont il doit assurer la bonne gestion. Quand le management (que ce soit par le biais de vos collègues, de vos supérieurs, de formateurs, de consultants, ou de chartes d'entreprise) s'adresse à vous, il vous définit d'une certaine manière, il se forme une certaine image de l'interlocuteur que vous êtes. Or cette image est marquée par des présupposés hérités de l'histoire du monde du travail. Je me contenterai d'en évoquer rapidement quelques aspects, particulièrement marquants pour la question qui nous occupe.

L'entreprise est en général considérée comme une grande machine dont vous êtes, quelle qu'y soit votre place, un rouage. On peut remplacer la métaphore mécanique par une métaphore organique : elle sera alors un grand corps, dont vous serez un organe ou un membre. Dans les deux cas, ces images vous présentent comme une partie d'un tout, ne devant son importance, voire son existence, qu'à sa participation à un fonctionnement qui la dépasse. De ce point de vue global, l'autonomie du rouage ou de l'organe est une absurdité : le rouage n'exprime aucune aspiration, ne prend aucune décision. Le rouage fonctionne, un point c'est tout.

L'illustration canonique de cette façon de voir (et de ses limites) est fournie par *Les Temps modernes*, et ce malheureux Charlot pris dans une cadence infernale de serrage d'écrous, mécanisé lui-même jusqu'à se retrouver physiquement happé par l'engrenage de la machine. Sauf que, coincé entre ses énormes roues dentées, Charlot finit par la bloquer ; son corps de chair n'a rien à faire là. Telle est la difficulté : quoi faire de l'humain dans l'engrenage ? L'entreprise tayloriste nous rêve en non-humains : rouages, membres, abeilles, fourmis… en tout cas productifs, rentables. Dans cette perspective donc, la dimension humaine est essentiellement perturbatrice, c'est une gêne dans le bon déroulement de processus bien huilés. C'est potentiellement le grain de sable capable de gripper un fonctionnement rationnel en lui-même infaillible. Dès lors, l'homme est ce sujet corporel (qui se gratte au lieu de serrer des boulons ; qui tombe enceinte au lieu de gravir les échelons), passionnel (qui tombe amoureux de sa collègue ; qui sombre dans la parano), susceptible de semer le trouble dans l'ordre implacable de la rationalité économique. Dans pareil raisonnement, cet humain est réduit à sa part irrationnelle.

Mais, me direz-vous, les choses ont bien changé depuis l'esclavagisme des *Temps modernes* ! À l'heure de l'explosion du tertiaire, les humains au travail ne sont plus là pour prolonger des machines. On leur demande avant tout de penser, de réagir intelligemment, d'assumer des responsabilités, toutes choses qui relèvent bien de l'humain en tant que tel, n'est-ce pas ? Je n'en disconviens pas, les choses ont changé. La mécanisation s'est déplacée, mais sans faire reculer la force de l'impératif productiviste : il ne s'agit plus de serrer des boulons, mais d'atteindre des objectifs, coûte que coûte. La différence ?

En acceptant d'être vus comme de simples rouages,
nous renonçons à notre liberté.

Il y a unanimité sur la question : sous la bannière de l'efficacité ou de l'excellence, il s'agit d'être toujours « au top », de ne jamais se tromper ni même s'arrêter, de s'adapter au millimètre, de tenir le choc quoi qu'il arrive. Autrement dit, d'avoir la rentabilité et la fiabilité (supposées) d'une machine – alors même que c'est la sensibilité, la convivialité, la créativité, etc. qui sont en jeu. L'humaine ressource est spécifique (la preuve : elle n'est pas gérée par le même service que le parc de véhicules), mais elle reste une ressource parmi d'autres. Tout le monde le dit, tout le monde le vit – comme une fatalité.

Si l'entreprise a envers ses « membres » de telles exigences, force est de reconnaître qu'elle leur donne en contrepartie les moyens d'y faire face, apparemment. Elle organise non plus la confrontation répressive entre un humain irrationnel et la rationalité économique, mais la collaboration à ladite rationalité économique d'un sujet désormais psychologique. Qu'est-ce à dire ? Quadrillé par la science psychologique, l'humain au travail n'est plus une force rebelle à dompter mais un terrain à exploiter. Vos humeurs ne sont plus bannies ; elles sont même bienvenues, pourvu qu'elles soient rentables.

Faites des sourires ! Énervez-vous ! Ayez des idées saugrenues ! Tout est pour le mieux, dans la mesure où cette « humanité » contribue à atteindre les objectifs. Donc poursuivez ! D'autant plus que si vous avez une défaillance, ou besoin d'une autre corde à votre arc, vous avez à disposition des formations, inspirées de toutes les théories psychologiques imaginables. Elles vous expliqueront sur quel *ressort* de la machine humaine jouer pour produire ou susciter un sourire, par quel procédé retenir *automatiquement* l'attention, sur quel *bouton* appuyer pour obtenir l'adhésion, etc. Le machiniste de vous-même et des autres : voilà ce qu'on veut voir en vous.

En s'adressant à ce sujet rationalisé, mis aux normes, il ne s'agit pas vraiment de faire sa place à notre rationalité, mais de solliciter vigoureusement notre adhésion à une logique qualifiée de rationnelle. Qui pourrait refuser d'adopter « une attitude plus rationnelle » ? Au nom de quoi refuser de « rationaliser les coûts » ? L'appel à la raison devient alors plus un instrument de domination que d'émancipation.

Et c'est pourquoi il est parfois si compliqué de faire face aux impératifs du discours managérial d'aujourd'hui. Il vous demande de plus en plus de prendre des responsabilités, d'assumer des décisions et de régler des difficultés. Mais il attend aussi que vous le fassiez en vous pliant à des normes « rationnelles », c'est-à-dire en mettant en œuvre certains critères, en visant certains résultats, en posant certains problèmes, en exploitant certaines solutions…, tous conformes à une logique préétablie. Dès lors, quel espace vous reste-t-il alors pour affirmer votre autonomie ? Et faute d'autonomie, comment prendre des responsabilités, assumer des décisions, etc. ?

Si on attend d'abord de vous que vous soyez bon gestionnaire de vous-même, manager rationalisé de votre ressource humaine, vous vous contenterez toujours *d'appliquer* les règles communément admises de la bonne gestion ; et il vous sera difficile de prendre du recul vis-à-vis d'elles, voire de les remettre en cause, fût-ce au nom de l'efficacité. Difficile, par conséquent, d'adopter la posture, par ailleurs également exigée, qui consiste à *affirmer* une autorité. Cette autorité ne sera qu'une coquille vide si elle n'est pas nourrie par le sentiment que vous y êtes pour quelque chose dans vos actes, vos décisions, les valeurs que vous privilégiez à travers elles.

> Dans un univers professionnel « rationalisé »,
> on vous demande seulement d'appliquer.

L'Écriture Résolutive a pour ambition de vous fournir cet aliment ; non de l'importer depuis je ne sais quelle théorie magique, mais de révéler sa présence au cœur même de vos représentations et de vos présupposés, qui sont exprimés dans votre récit et mis à jour dans son analyse. Là se montre le sujet que vous êtes : celui qui juge selon ses propres critères, qui se comporte selon ses propres impératifs, qui s'exprime dans son propre langage.

Or votre rationalité d'être humain n'est pas assimilable à la rationalité économique dont le système se prévaut – et on ne peut dire *a priori* qu'elle soit moins efficace. La réflexion individuelle, le déploiement d'une pensée critique, l'affirmation de positions construites en toute indépendance – bref, un exercice autonome de sa raison – sont au bout du compte facteurs de réussite et pour le collaborateur et pour l'entreprise. Mon propos ne consiste donc pas à mettre en avant un sujet fantaisiste, instable, régi par ses humeurs ; comme si le collaborateur, livré à lui-même, allait instantanément se transformer en un tire-au-flanc cynique préoccupé de son seul confort. Bien triste conception et du travail et de celui qui l'accomplit ! Si ce raisonnement est sans doute valable dans les cas où le travail en question n'est que peine et aliénation, est-il généralisable à ce que la moyenne des collaborateurs vivent au quotidien ?

C'est pourquoi on gagnerait à considérer que l'homme au travail n'est ni un sujet passionnel à maîtriser ni un sujet psychologique à exploiter, mais un sujet rationnel autonome. Reconnaître cette autonomie ne peut que stimuler sa faculté de jugement et sa capacité d'engagement. C'est lui ouvrir la possibilité d'assumer une autorité qui ne sera ni surfaite (liée à l'application de recettes, à la reprise de normes préétablies), ni arbitraire (liée à la place qu'il se trouve avoir dans l'organisation), mais fondée sur une relation forte entre l'agent et l'action, le décideur et la décision.

À vous de revendiquer cette autonomie, non à coup de grandes déclarations, mais en reprenant à votre compte, jour après jour, une rationalité que les organisations ont tendance à confisquer pour en faire un argument en faveur de leur idée de la rentabilité. La reprendre à votre compte, c'est vous convaincre que vous avez intrinsèquement en vous-même la capacité de faire des choix, de prendre des décisions et de trouver des solutions ; vous n'avez pas besoin, pour assumer ces actes, qu'on vous contraigne, qu'on vous autorise. Votre participation à la rationalité humaine, distincte de votre adhésion à la « rationalité économique », vous y habilite sans intervention extérieure.

Vous n'êtes pas décideur parce que vous prenez des décisions ; en effet, il se peut que vous soyez *contraint* à les prendre. Non, à l'inverse, vous prenez des décisions parce que vous êtes décideur. La conscience de votre aptitude à décider vous met en position de vous affirmer par le biais de décisions, y compris pour donner votre aval à des décisions prises par autrui. C'est à un tel sujet que l'Écriture Résolutive cherche à donner la première place. C'est lui qui est à proprement parler le sujet de l'entreprise.

Dans cette perspective, la démarche a pour but de vous consolider dans vos entreprises, les plus petites comme les plus grandes, les professionnelles et les autres. Ainsi pourrez-vous vous penser et vous sentir auteurs de ce que vous faites.

> (Re)trouver votre confiance en vous en renouant avec votre propre rationalité.

L'ancrage

L'affirmation de votre expérience

Cette assurance ne sera effectivement fondée et durable que si vous en trouvez les assises en vous-même. Nous voyons que la référence continuelle à une parole et à une pensée prédéfinies pour caractériser leurs faits et gestes est le lot de bien des gens.

C'est que, dans une société de « communication », nous sommes en permanence pris par la nécessité pressante de « communiquer » sur nous-mêmes. Au travail, il faut savoir faire, nous dit-on, mais aussi faire savoir ; dans le privé, il faut savoir élever nos enfants, mais aussi savoir s'en justifier auprès de leurs instituteurs ou des autres parents ; sans parler de la surexposition de soi qu'exploitent des émissions télévisuelles en tous genres. Existent véritablement ceux qui savent se dire, se « vendre ».

Or cette communication ne va pas de soi. On peut mener sa vie d'homme avec une grande sûreté morale et dans un équilibre tout à fait conscient sans savoir l'expliquer par la parole. Pour qui cède à l'exigence de parler quand même, il est alors commode de recourir à des terminologies toutes faites et à des présentations standard – qui procurent le douteux avantage de se faire comprendre facilement du premier venu, et de se sentir immédiatement concerné par les témoignages-vérité et autres courriers du cœur dont les médias nous abreuvent.

Ainsi, par commodité, nous en venons à parler de nous avec les mots d'autrui[1]. Et de là à nous penser avec la pensée d'autrui, il n'y a qu'un pas, souvent franchi sans qu'on s'en rende compte. Le résultat : une sorte de dépossession, pour ne pas dire d'aliénation. Parce que nous la saisissons à travers des mots dont nous ne sommes pas les auteurs, le sens même de notre activité tend à nous échapper.

Si notre discours se contente du stéréotype, un clivage s'installe entre nos paroles (nettes, mais assez pauvres) et nos

---

1. D'aucuns m'objecteront à juste titre qu'on parle toujours avec des mots qui sont aussi ceux d'autrui. Je m'interroge seulement sur l'adoption irréfléchie, voire réflexe, de façons de parler qui, plutôt que d'exprimer l'expérience, tendent à la conditionner.

pratiques (riches mais confuses parce qu'informulées). Quel dommage ! Quelle déperdition ! En effet, quelle meilleure assise pour établir une autorité solide, une crédibilité, une aptitude à la décision, que la conscience claire et la mise en forme convaincante de l'expérience ?

J'ai maintes fois assisté en animant des formations à ce phénomène banal, qui va bien au-delà de la vie professionnelle. Ces sessions sont pour beaucoup de collaborateurs l'occasion d'exprimer sur leur métier et sur leur environnement de travail des réflexions personnelles souvent très articulées. De celles qui fourniraient le fondement le plus adéquat et le plus stable aux décisions de leurs auteurs... à condition que ceux-ci s'autorisent à les utiliser de la sorte. Que se passe-t-il fréquemment ? Ils peuvent avoir une vision passionnante de leur activité, les idées les plus pertinentes sur la meilleure manière (pour eux) de la pratiquer... tout en considérant que c'est *seulement un point de vue* ; un point de vue particulier, qu'ils assument volontiers à l'occasion, mais qu'ils jugent au fond insuffisamment structuré, abouti, présentable pour concurrencer le discours ambiant (dominant) et pour constituer effectivement un principe d'action.

Et il en va ainsi dans les différents secteurs de notre vie... Le sentiment intime de la valeur de notre point de vue vient en général avec l'âge ; avec la confirmation d'un certain nombre d'années de pratique, on se considère comme assez mûri pour affirmer une autonomie de la pensée. Eh bien je vise, avec l'Écriture Résolutive, à accélérer ce processus ; à vous permettre d'expliciter vos représentations et de leur donner une formulation assez solide pour que vous osiez prendre appui sur elles, pour qu'elles vous servent d'ancrage pour définir vos problèmes, choisir vos solutions, tenir vos décisions.

L'écriture et l'analyse de votre récit vous en donnent les moyens. Grâce à l'une, vous vous êtes engagé dans une parole personnelle pour exposer votre difficulté ou votre interrogation, ce qui vous a dégagé des stéréotypes de votre langage courant ; grâce à l'autre, cette parole vous ouvre un accès aux présupposés qui structurent votre façon de voir. Cet exercice donne à voir ce que vous affirmez quand vous vous affirmez. Et c'est un avantage considérable, parce que, jusque-là, il vous était demandé de vous affirmer (de créer, d'entraîner, de résister, de décider…) sans que vous sachiez sur quoi exactement vous appuyer pour le faire.

À présent vous savez où trouver l'étayage nécessaire : dans la connaissance des principes qui vous régissent, des valeurs qui vous importent, des limites qui vous définissent – toutes choses que vous donne à voir l'histoire que vous avez racontée, et qui révèlent les soubassements de vos actes et de vos attitudes. Ainsi avez-vous la meilleure information possible, aussi bien sur le problème qui vous occupe que sur la pertinence et les modalités de sa solution. Ainsi êtes-vous réellement en mesure de vous déterminer.

> Reprenez possession de votre expérience
> en la disant avec vos mots.

Repères, individuels et collectifs

Cette détermination est le point précis où l'Écriture Résolutive entendait vous mener. Un point depuis lequel votre clair-voyance confère à vos décisions le maximum de pertinence ; un point depuis lequel vous pouvez mobiliser votre énergie au service de vos actions, parce que vous vous déterminez *en connaissance de cause*. L'écriture vous a aidé à tirer au clair des pans entiers de votre propre fonctionnement, renforçant votre aptitude à tirer le meilleur parti de vous-même. Cette affirmation de soi ne revient donc pas à vouloir imposer des idées ou un pouvoir, sur le mode de la conquête, mais plutôt à exprimer le meilleur de ce que vous êtes.

Au terme de l'exercice d'Écriture Résolutive, le résultat est le suivant : quelle que soit la question qui vous occupait (et que vous avez racontée), quelle que soit la réponse ciblée que vous lui aurez associée (en vous fondant sur l'analyse du récit), la méthode adoptée pour poser le problème et trouver la solution vous rend quasi *nécessairement* capable de mettre résolument en œuvre un traitement de la situation. Car votre plan d'action est directement lié à une connaissance lucide de vos particularités et de vos limites. C'est votre lucidité, nourrie par le diagnostic fait à partir de votre texte, qui garantit cette efficacité. Ce diagnostic vous fournit les repères dont vous avez besoin pour être la personne décidée, inventive et joyeuse que vous portez en vous.

Mais peut-être mon propos sera-t-il plus clair si je parle *a contrario*. Nombreux sont ceux qui cherchent par exemple à améliorer leurs prestations orales en se soumettant à diverses techniques de prise de parole, à divers exercices corporels issus de l'art théâtral. Ces approches sont intéressantes et peuvent se révéler très fructueuses. Je reste cependant convaincue qu'elles ne traitent souvent pas le problème au fond. Elles consistent en effet à annuler des effets de timidité, de manque d'assurance, de confusion, grâce à des opérations de contrôle du comportement. Et une telle stratégie demande à celui qui s'y plie une attention constante à ses faits et gestes, une vérification permanente de ses effets, rarement compatibles avec le plaisir de l'action. Un orateur tout occupé à surveiller les éventuels dérapages de son « *body language* » manquera assurément de spontanéité, et il y a fort à parier que l'impression produite sera moins de plaisir et de facilité que de tension et d'effort, à moins de consacrer sa vie à cet entraînement.

L'alternative : explorer les causes qui provoquent ces effets de confusion. Mettre à plat ce qui empêche la personne d'assumer pleinement le discours qu'elle tient. Faire en sorte que ce discours ait un sens pour elle, qu'elle puisse le relier à des enjeux personnels identifiés. Sa position sera d'autant plus facile à tenir qu'elle sera intérieurement au clair sur ce qu'elle en pense, sur la manière dont elle est concernée.

Une telle hygiène est indispensable dans un monde qui nous somme régulièrement de professer des valeurs. C'est particulièrement net dans l'univers professionnel, où cette thématique est très en vogue depuis quelques années. Dans le cadre d'une réflexion sur les ressorts de la motivation, on s'accorde assez généralement à estimer que les fourmis humaines, en tant qu'humaines justement, s'agitent plus vigoureusement quand elles le font au nom de quelque chose qui les dépasse et les réunit ; au nom d'abstractions qui cristallisent des aspirations et donnent un sens à l'action. Une certaine mode, à un moment donné, a voulu que toute entreprise se dote de « valeurs », emblématiques de son « identité », au-delà du souci de simplement faire du chiffre, pour ainsi dire l'expression de leur supplément d'âme.

Ce qui nous intéresse ici au premier chef, c'est qu'elles sont aussi censées être partagées par tous les collaborateurs, faute de quoi elles pourraient être taxées de pure propagande. Tous les cas de figure existent, des valeurs directement concoctées par un processus interne éminemment participatif, aux valeurs imposées d'en haut ; mais quelle que soit votre situation en la matière, je vous inciterais à cultiver à leur égard une saine attitude critique.

Les valeurs affichées par une entreprise ont pour ambition, outre l'image qu'elles sont susceptibles d'en donner, de fournir aux collaborateurs des points de repère pour ainsi dire moraux, de s'adresser à leur humanité en donnant du sens aux actes qu'ils accomplissent jour après jour. « Écoute », « Excellence », « Esprit d'équipe », « Sens du service »… : ces mots fonctionnent comme des slogans, d'autant plus mobilisateurs qu'ils abritent d'ambiguïtés. Leur puissance de rassemblement repose sur leur aptitude à rallier sous leur bannière des conceptions assez différentes les unes des autres. C'est pourquoi votre adhésion à telle ou telle valeur ne dit rien en elle-même, tant que vous n'avez pas déterminé, pour votre propre compte, ce que vous entendez exactement par là – exercice qui pourrait à l'occasion se faire par l'intermédiaire de votre Écriture Résolutive.

D'où l'intérêt de formuler de la manière la plus explicite les représentations qui forment le soubassement de vos engagements. Ce que vous y gagnez ? Une liberté vis-à-vis des représentations communément en vigueur dans votre environnement ; celle d'y adhérer ou pas, d'exprimer ou de garder pour vous ce que vous vous dites dans votre for intérieur. L'important, c'est l'existence et la vitalité de ce for intérieur, dans lesquelles vous allez puiser les ressources nécessaires à votre affirmation. L'exercice de cette liberté vous rendra plus solide en vous permettant d'habiter véritablement vos actes et de croire en leur validité.

Clarifier ce que sont *vos* repères et *vos* valeurs, dans leur spécificité, c'est vous donner l'assurance qui parfois peut-être vous fait défaut. Ainsi, vous ne pallierez pas ce manque en vous raidissant dans des postures toutes faites, à la faveur desquelles vous vous imposeriez en vous barricadant. Conscient de votre cohérence en l'étant de vos limites, vous pourrez risquer de vous montrer faillible, oser assumer *votre* position sans prétendre l'établir sur une omniscience ou une omnipotence nécessairement imaginaires.

> (Re)trouvez vos propres valeurs et enjeux :
> c'est un gage de réussite.

L'adoption de cette perspective est enfin le moyen de répondre à une insatisfaction récurrente, y compris chez des gens contents et fiers de leur réussite. Ils éprouvent parfois le sentiment tenace d'être passés à côté de quelque chose, une sorte de nostalgie d'un avant assimilé au temps des études. Outre les charmes souvent surestimés de la jeunesse, cette période semble présenter l'attrait d'une liberté désormais perdue. À cette époque-là, on avait le temps de lire, de s'interroger, de réfléchir ; et même si c'était souvent vécu sur le mode de l'obligation scolaire, quel espace c'était pour la pensée, pour l'imagination, les projets ! Dans votre vie d'aujourd'hui, il vous semble que ce loisir intellectuellement si nourrissant n'a plus cours.

Certes, les années ont passé, et vous vous sentez pris dans les rets d'une réalité sans merci. Sans doute est-ce le lot de tout adulte. Et pourtant, je fais le pari qu'une reconquête de cet espace est possible, et qu'elle est à la portée de chacun. S'agirait-il de remonter le temps et de remettre votre casquette d'étudiant ? Plutôt qu'un voyage dans le passé, c'est une exploration du présent qu'il vous faut. Une nouvelle perspective qui rajeunisse votre point de vue sur votre situation actuelle sans en renier la richesse. Car en dépit de quelque bouffée de nostalgie, ce que vous êtes devenu n'est pas rien, et ne demande qu'à être heureusement vécu.

Pour ce faire, l'Écriture Résolutive a pour objectif de vous réinstaller dans ce sentiment de liberté que vous associez aux temps où vous n'étiez pas autant assailli de contraintes et de responsabilités. Elle vous montre la voie d'un exercice effectif de cette liberté. C'est une espèce de gymnastique mentale qui réassouplit certains muscles et dégrippe certaines articulations dans votre tête pour vous redonner le ressort, le jeu, les marges de manœuvre que vous pensez avoir vus se rétrécir avec le temps.

Renouez avec la liberté d'esprit que vous aviez étudiant.

Pour un pilotage de soi-même

Le sentiment que vous vous heurtiez à un obstacle dans le déploiement de votre vie vous a fait envisager de recourir à la présente démarche. Au terme de son déroulement, vous voilà en possession de clés pour résoudre le problème dont vous avez été en mesure de cerner la nature, les enjeux, les liens complexes avec l'ensemble de ce que vous êtes et de ce que vous pensez. Il ne « reste plus qu'à » mettre en œuvre ces solutions.

Elles peuvent revêtir diverses formes : bilan que vous vous proposez de faire, formation que vous vous proposez de suivre, assistance que vous souhaitez demander, changements que vous vous proposez d'apporter dans telle ou telle de vos pratiques… En tout cas, vous avez pris les choses en main.

Dans ce sens, vous réalisez que l'obstacle avait peut-être du bon, et qu'il a presque été le prétexte à des clarifications que vous sentiez nécessaires sans savoir comment les aborder. Dès lors, il est légitime de considérer que « se trouver dans une impasse » ou « avoir des problèmes » n'est pas une tare ; ce n'est pas purement et simplement la marque d'une faiblesse ou d'une insuffisance de votre part, même s'il se trouve qu'autour de vous on se laisse aller à la facilité de penser de la sorte.

L'exercice proposé par l'Écriture Résolutive vous a montré que votre interrogation initiale, le point qui vous avait mis en alerte, n'est pas une anomalie à mécaniquement supprimer, mais un fil dans un tissu, qu'il serait même peut-être dangereux de vouloir retirer ou couper parce qu'il a des liens inextricables avec une trame sous-jacente.

Suivre un fil, et un seul à la fois. Certes, l'analyse de votre récit montre la multitude des facteurs qui peuvent expliquer votre blocage, et par là même la multitude des chemins possibles pour le contourner ; elle vous rend plus conscient de la complexité de toute situation, et de la vôtre en l'occurrence. Mais il serait hasardeux de courir plusieurs lièvres : sélectionnez le biais par lequel vous voulez la prendre (fiez-vous pour cela à votre intuition), et imaginez le plan d'action qui lui correspond.

Si, par exemple, un conflit vous oppose à l'un de vos enfants, il se peut que l'interprétation de votre récit vous mette en face de plusieurs possibilités d'intervention, toutes légitimes : régler le différend avec l'intéressé ; réfléchir sur votre relation avec votre propre mère ; impliquer davantage votre conjoint dans l'éducation des enfants, etc. Il convient alors de choisir quelle voie vous paraît la plus adéquate, et ensuite d'envisager concrètement comment faire bouger les choses.

> Sélectionnez le point le plus urgent à traiter et fixez-vous une ligne de conduite bien définie.

La rédaction de votre histoire aura marqué le début de l'aventure : quel acte en marquera la fin ? C'est à vous qu'il appartient de le fixer. Si votre première pratique de l'Écriture Résolutive vous a permis de remonter à la surface une matière suffisante pour trouver des réponses à votre interrogation, l'objectif sera atteint, et vous pourrez vous en tenir là. Il n'est cependant pas exclu qu'en vertu de sa nature propre, la méthode ne laisse un petit goût de revenez-y. Et vous pourriez y revenir de trois manières.

La première consiste à réutiliser plusieurs fois votre histoire. C'est l'incomparable avantage de la chose écrite : sa permanence. Le récit de votre difficulté est là, disponible. Il a fait l'objet d'une première analyse, dont vous avez tiré les conséquences pour agir. Mais rien ne vous empêche, plus tard (deux mois, trois mois après ?), de le reprendre pour une nouvelle lecture. Ce que vous avez un jour écrit n'est pas caduc ; le propos gardera toujours une double validité. D'une part, celle d'un témoignage : telle était votre vision des choses à l'époque.

D'autre part, celle d'un point de repère : telle est la distance – ou la concordance – entre cette vision et la vôtre aujourd'hui.

Souvenez-vous : il y avait déjà, structurellement, une distance temporelle à ménager entre la phase d'écriture et la phase de lecture. Aussi est-il facile d'envisager que l'opération puisse être réitérée à intervalles croissants. Car à chaque fois vous aurez changé, susceptible alors de porter sur le texte un regard à chaque fois différent. Certes, le processus ne pourra être répété à l'infini ; mais une relecture pourrait vous faire découvrir dans votre récit des éléments nouveaux de la situation, pour autant que vous soyez toujours aux prises avec la difficulté qui y est narrée. Éléments nouveaux capables de vous suggérer d'autres approches pour la surmonter.

La seconde manière consiste à ne reprendre que l'analyse, afin de vérifier ou de réorienter votre stratégie. Nous avons vu en effet que la faisabilité des solutions que nous envisageons ne dépend pas seulement de nous, loin s'en faut ; et que nous pouvons être amenés, en cas de déconvenue, à changer notre fusil d'épaule. La possibilité de trouver ces réponses alternatives repose sur la consultation et l'exploitation renouvelées, en cas de besoin, de l'analyse du récit. Et là aussi, cette démarche peut être (re)faite après qu'un certain laps de temps s'est écoulé.

Enfin, la troisième manière de répéter le geste est plus radicale : elle consiste tout simplement à pratiquer l'Écriture Résolutive de manière récurrente ; à se réengager dans le triple mouvement « s'écrire – se lire – se déterminer » à chaque fois qu'une mise au point se révélera urgente. Il n'y a aucune règle, c'est à vous d'apprécier la nécessité et la fréquence de ce recours – et je noterai, pour boucler la boucle, que la pratique de cette méthode contribuera aussi à faire apparaître plus facilement à quel moment il est utile d'y recourir.

Réutilisez l'Écriture Résolutive
en fonction de vos besoins.

Se déterminer

Les principes

Décider
- Adopter le rôle de décideur
- Sortir du sentiment d'impuissance
- Retrouver le plaisir de prendre des décisions

Consolider votre autonomie
- Refuser les conceptions préétablies de votre problème
- Trouver le sens de votre propre expérience et le formuler
- Isoler dans l'analyse le point aujourd'hui crucial et le traiter concrètement

Enraciner vos décisions dans votre point de vue
- Expliciter et assumer vos valeurs
- Accepter le risque de votre singularité

Les conditions de réussite

Lucidité
- Regarder en face le miroir tendu par le récit et son analyse
- Tirer parti des décalages entre ce portrait et vos perceptions habituelles

Sens de la complexité
- Prendre en compte les problèmes dans leur interdépendance
- Garder à l'esprit la pluralité des solutions

Confiance en vos ressources
- Prendre appui sur les associations d'idées proposées par l'analyse
- Vous fier à votre intuition pour établir les priorités
- Inventer des réponses plutôt qu'appliquer des recettes

Ténacité
- Défendre vos décisions
- Recourir à la démarche autant que nécessaire

Conclusion

« Révolution copernicienne » : ainsi nomme-t-on un changement radical de perspective, en référence à ce déplacement du regard, en astronomie, qui priva la Terre de sa place centrale dans l'univers. Nous savons depuis que nous ne sommes pas le point fixe autour duquel tourne le ciel. Ainsi avons-nous fait, fort modestement, une petite révolution, un petit tour modificateur de point de vue – mais en sens inverse. Grâce à l'Écriture Résolutive, vous vous êtes en quelque sorte remis au centre : vous n'êtes pas une petite planète, un satellite en rotation autour d'un problème qui rayonne de toute son énergie négative et vous empêche d'aller voir ailleurs ; au contraire, vous êtes le soleil qui l'éclaire, le fait apparaître et lui donne sa réalité. Même si c'est votre problème qui vous a amené jusqu'ici, vous êtes le sujet qui mérite l'attention.

La seule véritable résolution qui soit intéressante, c'est la vôtre : la résolution, la détermination dont vous allez faire preuve. Elle vous permettra de décider quoi faire de vos problèmes : les résoudre… ou pas ! Révolution copernicienne : vous remettre au centre, c'est vous dégager d'apparentes nécessités qui vous enserrent. Vous n'êtes pas tenu de résoudre vos problèmes ; il vous appartient, aussi bien, de décider de les laisser en plan. Une telle décision fait indéniablement partie des solutions possibles, et des solutions valables dans la mesure où elle n'est pas un pur caprice de découragement mais un choix résolu et justifié.

Le fait de rencontrer des difficultés ou d'être arrêté par des interrogations ne signifie pas que vous ne soyez plus le maître de votre jeu, et que vous deviez vous en remettre à des autorités extérieures pour « vous tirer de là ». C'est au contraire l'occasion de mettre à plat ce que vous vivez pour reprendre la main. Dans ce sens, l'Écriture Résolutive est une méthode de *position* de problème avant d'être une méthode de *résolution* de problème. Elle vise non à agir directement sur la difficulté, mais à agir sur celui qui la détecte et la conçoit, parce que lui seul est vraiment à même de la définir, et par conséquent de lui administrer le traitement adéquat.

C'est pourquoi il est si fondamental de vous donner à vous-même la parole pour raconter ce qui vous arrive. Seule une histoire racontée par vous sera capable de restituer la consistance de votre univers, et d'exprimer les principes qui vous animent. Mais il est non moins fondamental que cette histoire soit *écrite*, qu'elle soit stabilisée dans une forme que vous lui avez donnée et dans laquelle il vous faut bien vous reconnaître (personne d'autre que vous n'a tenu la plume). Couchée sur le papier, elle constitue la matière première incomparable pour la réflexion. De par son caractère figé (« les écrits restent »), elle met à votre disposition le trésor de votre propre parole ; une parole dans laquelle, toujours, les mots dépassent la pensée et en disent plus long qu'on ne croit.

L'écriture permet d'écouter avec une attention quasiment impossible à prodiguer dans l'échange oral ; elle permet de creuser, d'analyser, de laisser résonner – cette écoute s'appelle lecture. Votre écriture vous représente (comme on parle de représentants du peuple) au-delà de toute espérance, puisqu'elle dit ce que vous ne savez pas encore de vous, et qu'elle va précisément vous révéler.

Ainsi, c'est vous, sous les espèces de votre parole écrite, que l'Écriture Résolutive met au centre. Vous comme vous ne vous voyez jamais, pour ainsi dire radiographié : sous la peau et les muscles, l'analyse de votre récit montre l'ossature de votre personnage. Elle met à jour le squelette et ses articulations, ce qui vous tient debout et conditionne votre mouvement : à savoir vos idées implicites, les principes qui guident votre action, les valeurs qui soutiennent votre motivation.

Ce système interne n'appartient qu'à vous (ce qui n'empêche pas qu'il y ait, évidemment – et heureusement – des points de partage avec autrui), et il vous régit que vous le vouliez ou non. En fait, il constitue ces fameux repères dont nous avons, paraît-il, tant besoin dans le monde complexe d'aujourd'hui. Oui, nous avons besoin de grilles de lecture pour comprendre le monde, l'habiter, y agir. Oui, notre environnement propose un enchevêtrement de facteurs, d'enjeux, d'impératifs qu'il n'est souvent pas simple d'articuler, et qui exige de nous une grande solidité.

Où la trouver, sinon dans nos certitudes, dans nos convictions, dans les constantes qui font notre caractère ? Nous ne manquons pas de points de référence ; ce qui nous manque, c'est l'audace de les chercher en nous-même. Nous n'avons pas besoin de claironner nos principes, nos valeurs, nos priorités ; ce sera inutile si, conscients de ce qu'ils sont, nous les manifestons dans nos actes et dans nos attitudes, dans nos décisions. L'Écriture Résolutive n'a pas d'autre ambition que de donner à votre regard sur vous-même à la fois la hauteur et la profondeur qui vous permettront d'agir selon votre propre mesure, dans une connaissance de vos limites et de vos possibilités, seule capable de vous rendre efficace, libre, et joyeux dans l'action.

Index des noms propres